Eckhard Roediger

Besser leben lernen

Eckhard Roediger

Besser leben lernen

Innere Balance zwischen Wunsch und Wirklichkeit

Verlag Urachhaus

Für Lukas, Simon und Lea
und alle Kinder dieser Welt,
auf dass sie ihren Weg
in ein gutes Leben
finden mögen.

ISBN 978-3-8251-7541-2

3. Auflage 2011
Erschienen im Verlag Urachhaus
www.urachhaus.com

Umschlaggestaltung: U. Weismann
Umschlagabbildung: plainpicture
Fotos im Innenteil: Wolfgang Schmidt, Ammerbuch
Gesamtherstellung: CPI – Clausen & Bosse, Leck

Inhalt

Verändern

Anhang

Geleitwort

Gegenwärtig suchen viele Menschen nach einer Identität und Spiritualität, die sich nicht einem bestimmten Religionsbekenntnis verpflichtet fühlt, sondern primär wissenschaftlich ausgerichtet ist. Man möchte glauben, was man versteht – und verstehen, was man glaubt. Dieses aber soll so allgemein gültig und verständlich sein, dass es von jedem nachvollzogen werden kann. Das ist jedoch nur dann erreichbar, wenn dabei einerseits das Zentralmenschliche angesprochen wird und andererseits für die ganz persönlichen eigenen Lebensfragen konkrete Antworten gefunden werden können.

Der Psychiater und Psychosomatiker Eckhard Roediger gibt mit *Besser leben lernen* ein Instrument an die Hand, das für diese Wegsuche geeignet ist. Schon nach wenigen Seiten ist klar, warum es sich lohnt, dieses Buch gründlich zu lesen: Es gibt zum einen die Möglichkeit, in Begleitung eines erfahrenen Kenners von Leib und Seele die eigenen Lebensfragen, Probleme, Haltungen und Wünsche neu und bewusst aus aufschlussreichen Blickwinkeln anzuschauen. Zum anderen bietet es Gelegenheit, in prägnanter Kürze vieles aufzunehmen und zusammen zu sehen, was einem sonst in umfangreichen Werken unterschiedlicher Autoren geboten wird.

Das Buch ist für Menschen geschrieben, die auf der Suche sind nach mehr Lebensqualität, Selbsterkenntnis und Menschenverständnis. Es lädt ein zu einem kreativen Dialog mit dem Autor, dem ich engagierte Leser wünsche.

Dornach, im Sommer 2006 *Dr. med. Michaela Glöckler*

Vorwort

Warum dieses Buch? Gibt es nicht schon genug Ratgeber dieser Art? Marktwirtschaftlich gesehen gäbe es die vielen Ratgeber sicher nicht, wenn sie nicht auch jemand kaufen würde. Die Nachfrage scheint also grundsätzlich da zu sein. Es gibt lebenspraktische Ratgeber, wie man sich durch gute Ernährung und Bewegung fit halten kann. Auch darüber, was man für sein seelisches Gleichgewicht, seine spirituelle Entwicklung oder einen besseren Umgang mit anderen Menschen tun kann. Was bringt nun dieser Ratgeber Neues?

Dieses Buch versucht im *ersten Teil* eine Brücke zu schlagen zwischen den aktuellen wissenschaftlichen Erkenntnissen aus der Gehirnforschung und der Psychologie und altem Wissen aus dem Buddhismus und der christlichen Mystik über die spirituelle, d.h. geistige Entwicklung des Menschen. Diese Verbindung bzw. Durchdringung ist nicht selbstverständlich, leben doch die meisten Menschen heute mit einem gespaltenen Weltbezug: Zum einen »glauben« sie an die Ergebnisse der Naturwissenschaft und deren Modelle vom Menschen und der Natur, zum anderen an Gott. In der alle zwei Jahre stattfindenden ALLBUS-Erhebungen des Kölner Zentralarchivs für empirische Sozialforschung gaben 2002 knapp

40 % an, mindestens einmal pro Woche zu beten. 50 % gehen mehrmals pro Jahr in die Kirche, 25 % glauben an einen persönlichen Gott, zusätzlich 40 % an ein höheres Wesen im Allgemeinen. Nur 18 % glauben ausdrücklich *nicht* an Gott. Die Zahlen liegen in den westlichen Bundesländern allerdings deutlich höher als in den östlichen. Diese Spaltung wird im Alltag nicht weiter hinterfragt – wir leben einfach mit einer »doppelten Buchführung«.

Dieses Buch versucht die möglichen Übergänge von der naturwissenschaftlichen zu einer geistigen Welt zu umreißen. Mit einem analytisch-abstrakten Denken ist dieser Übergang nicht nachzuvollziehen, denn dann bleibt man in den alten, geformten Denkkategorien stecken. Um die Übergänge vom Stofflich-Festen zum Geistig-Nichtstofflichen zu verstehen, muss das Denken beweglicher gemacht werden. Wie das geht, versucht das Buch im *zweiten Teil* anschaulich und erlebbar zu machen. Die eingestreuten meditativen Sprüche mögen Ihnen dabei ebenso helfen, die Gedanken zu verlebendigen, wie die Meditationsanleitung im Anhang. So kann jeder individuell erleben, dass eine naturwissenschaftlich-rationale Weltsicht quasi bruchlos mit einer spirituellen Orientierung und Praxis verbunden werden kann und wie man aus »reiner Vernunft« auf einen persönlichen spirituellen Weg als Grundlage für eine größere Lebenszufriedenheit finden kann. Weitergehende Anregungen dazu finden Sie u. a. in den Büchern von Georg Kühlewind.

Versuchen Sie also, sich einfach einmal von den im ersten Teil dargestellten Gedanken führen zu lassen und sie innerlich mitzubewegen, das Gefühl mitschwingen zu lassen und zu schauen, ob in Ihnen ein sogenanntes Evidenzgefühl entsteht, d.h. ob Ihnen das Dargestellte »einleuchtet«. Aber Sie sollen die Inhalte nicht einfach glauben, sondern prüfen Sie bitte die Gedanken an Ihren Wahrnehmungen im Alltag!

Leider wird Ihnen dieses Wissen allein wenig helfen, glücklicher zu werden, denn Wissen allein ändert nichts! Glück fällt uns nicht zu und hängt auch nur wenig von den äußeren Umständen ab, wie Sie im ersten Kapitel gleich genauer sehen werden. Glück muss erarbeitet bzw. »erübt« werden. Daher enthält dieses Buch im *zweiten Teil* zahlreiche Übungen, durch die Sie Ihre guten Vorsätze auch tatsächlich verwirklichen können. Die Übungen basieren auf Anregungen Rudolf Steiners bzw. sind buddhistischen und christlich-mystischen Schulungsanweisungen entnommen. Der Anhang enthält ein Verzeichnis aller Übungen und Meditationen, damit Sie die einzelnen Übungen im Text leichter finden.

Das Buch soll so geschrieben sein, dass es jeder ohne Vorkenntnisse verstehen kann. Es erlaubt bildlich gesprochen einen einfachen bzw. sicheren Einstieg am Ufer, führt aber für gute Schwimmer auch in tiefere Gewässer. Gehen Sie so weit mit, wie Sie mögen; überspringen bzw. überlesen Sie getrost Passagen, die etwas kompliziert sind. Mutige »Hochseeschwimmer« (oder besser »Tiefseetaucher«, die gerne den Dingen auf den Grund gehen), können beim Verfasser die Literatur, auf die sich bezogen wird, erhalten. Zur Vertiefung sind im Anhang die erwähnten Bücher aufgeführt.

Nun möchte ich an dieser Stelle allen danken, die zur Entstehung des Buches beigetragen haben. Das sind zunächst alle Patienten, an denen ich in den täglichen Patientenvorträgen in unserer Klinik die Inhalte »ausprobiert« habe und die mich durch ihre Fragen zu immer neuen Ideen und Bildern inspirierten. Außerdem meinem Lehrer und Freund Achim Noschka für seine geduldigen Unterweisungen, meinem Kollegen Markus Pawelzik für seine Anregungen aus der positiven Psychologie und meiner Kollegin Michaele Quetz für die Ergänzungen zur biografischen Entwicklung. Last but not least gebührt mein Dank meiner hervorragenden Sekretärin Anke Heidelberg und dem Verlag für die Realisierung, denn auch bei Büchern nutzen die guten Ideen nichts, wenn sie nicht geduldig zu Papier gebracht werden. Ihnen, meinen lieben Leserinnen und Lesern, danke ich, dass Sie sich an dieses Buch heranwagen, und wünsche Ihnen viele Anregungen und Freude beim Lesen.

Eckhard Roediger, im Sommer 2006

Verstehen

Was macht uns glücklich?

Wenn man die Menschen fragte, würden sie sich wohl alle ein gutes bzw. glückliches Leben wünschen. Derzeit haben wir, zumindest in Deutschland, relativ gute äußere Bedingungen, um glücklich zu sein. Überraschenderweise sind aber gerade wir nicht besonders glücklich. Im Gegenteil: Depressionen nehmen seit den sechziger Jahren stetig zu und treten in immer jüngerem Lebensalter auf. Der durchschnittliche Beginn hat sich vom 30. Lebensjahr auf das ca. 15. Lebensjahr vorverlagert. Die Anzahl der Suizidversuche im Teenageralter hat sich in dieser Zeit vervierfacht.

Überraschenderweise hängt die Lebensqualität bzw. das subjektiv erlebte Lebensglück auch nicht vom finanziellen Hintergrund ab. Eine Untersuchung in Amerika zeigte, dass die Reichen keineswegs glücklicher sind als Menschen mit einem niedrigen Einkommen. Weltweit gilt, dass ab einem Jahreseinkommen von 20.000 Dollar die Lebenszufriedenheit nicht mehr mit dem Einkommen verbunden ist. Wenn man dem entgegenhält, wie sehr sich Menschen bemühen, mehr Geld zu verdienen, ist das ein überraschender Widerspruch. Auf der anderen Seite scheinen wir jedoch auch einen Sinn dafür zu haben, dass Geld tatsächlich nicht glücklich macht.

Denn wir wünschen unseren Mitmenschen in der Regel zum Geburtstag keinen materiellen Wohlstand, sondern Gesundheit, Zeit und Freunde. Damit liegen wir sicher richtiger.

Glaubt man den Forschungsergebnissen der Psychologie, so ist aber nicht einmal körperliche Gesundheit sehr eng mit der Lebenszufriedenheit verbunden. Überraschenderweise ist die Lebenszufriedenheit von Menschen ein Jahr nach einem Lottogewinn in Millionenhöhe ebenso wieder auf dem Ausgangsniveau wie ein Jahr nach einer bleibenden Verstümmelung durch einen Unfall (z.B. eine Querschnittslähmung).

Entgegen unserer Erwartung zeigt sich hier deutlich, wie wenig unser Lebensglück von äußeren Umständen abhängt. Dies sollte uns nachdenklich machen. Offensichtlich sind andere Faktoren bedeutsamer als die äußeren, die wir so gerne für unsere Stimmungen verantwortlich machen, sei es das Wetter, die Nachbarn, der verlorene Partner oder Arbeitsplatz oder die bösen Schwiegereltern.

Was macht uns denn dann glücklich, wenn nicht Geld oder Gesundheit? Dass diese Frage nicht so einfach zu beantworten ist, zeigt die Flut von Ratgebern zum Lebensglück (dem mit diesem Buch nun auch noch ein weiteres Exemplar hinzugefügt wurde). Um der Frage auf den Grund zu gehen, greifen wir noch einmal auf die Forschungsergebnisse der sogenannten »positiven Psychologie« zurück, die versucht zu erforschen, was Menschen glücklich macht. Diesen Erkenntnissen zufolge setzt sich das Lebensglück bzw. die Lebenszufriedenheit aus verschiedenen Komponenten zusammen: Nur etwa 10 % hängen von unseren äußeren Lebensumständen ab, 50 % von unserer genetisch-konstitutionellen Veranlagung und etwa 40 % von unseren selbst bestimmten Aktivitäten.

Abb. 1

Vor allem auf diese letztgenannten 40 Prozent bezieht sich dieses Buch. Betrachtet man das Glückserleben genauer, kann man laut Markus Pawelzik (unter Bezug auf Martin Seligman) zufolge drei Bereiche unterscheiden, die insgesamt zum guten Lebensgefühl beitragen (siehe Abb. 1.):

1. *Kurze Momente des Glücks* bzw. des lustvoll-freudigen Erlebens stellen *ein* Element der Lebenszufriedenheit dar. Das sind genau die Momente, die uns die Werbung verkaufen will. Dieses Erleben steht oft in Verbindung mit intensiven Körperprozessen oder starken Sinneswahrnehmungen, also Kulturgenüssen, Reiseeindrücken, Festen oder anderen besonderen Aktivitäten, lustvoll erlebten Körperbetätigungen oder Ähnlichem. Diese »Gipfelerlebnisse« halten jedoch nur kurz an und die Erlebensintensität ist rasch wie-

der vorbei. Danach bleibt nicht selten ein Gefühl von Leere, das nach einer intensiveren Wiederholung des Erlebnisses ruft. Dies kann zu Suchttendenzen führen.

Die Fähigkeit zu diesem körperlichen Glückserleben ist stark verbunden mit der Art und Weise, wie das sogenannte »Belohnungszentrum« in der Tiefe unseres Gehirns arbeitet. Durch die Stimulation dieser Nervenzellen lässt sich elektrisch, mechanisch oder chemisch ein Lustgefühl auslösen. An dieser Stelle setzt auch die chemische Drogenwirkung an. Das grundlegende Funktionsniveau dieser Struktur bzw. ihre Reaktionsbereitschaft auf äußere Reize ist stark konstitutionell angelegt. Sie ist die körperliche Grundlage dessen, was uns als schwermütige Menschen oder »Ulknudeln« begegnet.

2. Unter diesen Gipfelerlebnissen liegt eine Ebene von *grundlegender positiver Stimmung.* Diese hängt weniger von äußeren Situationen als von der inneren Einstellung ab. Hiermit ist zum Beispiel die Tendenz gemeint, mit der wir auf andere Menschen oder Aufgaben zugehen, zum Beispiel mit einer gewissen Offenheit bzw. Grundsympathie. Diese Stimmungsebene ist stark von den früheren Erlebnissen in der Biografie abhängig und kann als Urvertrauen oder positives Grundgefühl beschrieben werden. Hier finden auch gelernte Lebensregeln, Selbsteinschätzungen bzw. Selbstbewertungen Eingang, zum Beispiel: »Das ist jetzt zwar dumm gelaufen, aber das werde ich schon noch hinbekommen!« Erich Fromm hat in seinem Buch *Die Kunst des Liebens* ausführlich beschrieben, dass Liebe keine Frage des richtigen Objektes, sondern der richtigen Einstellung zu den anderen Menschen ist. Eine Grundhaltung von Offenheit, Interesse am anderen, die Fähigkeit zu staunen

und sich auf Neues einzulassen prägt diese Stimmungsebene. Stimmungen sind allerdings nicht völlig stabil, sondern unterliegen gewissen Schwankungen. Hier spielen auch Körperprozesse hinein (z.B. hormonelle Schwankungen).

3. Die dritte Ebene – und das ist die sicher derzeit in der Öffentlichkeit am wenigsten beachtete – ist die der grundlegenden *Werte und Tugenden.* Werte und Tugenden sind gedanklich vermittelt und stellen gewissermaßen den festen, tragenden Untergrund unserer Lebenseinstellung dar. Sie bleiben auch in Zeiten körperlicher Krisen oder sozialer Erschütterungen stabil, d.h. sie sind unabhängig von kurzfristigen äußeren Einflüssen. Gerade dadurch entwickeln sie ihre Tragekraft. Werte und Tugenden sind kulturell vermittelt und haben nichts mehr mit unseren persönlichen Körperprozessen zu tun. Sie stellen den Bezug zu unserer Umwelt her und machen uns erst zu sozialen Wesen. Diese Einbindung in die sozialen Strukturen ist ein wichtiges Element für langfristige Lebenszufriedenheit und Glück.

Wir befinden uns also in einem Spannungsfeld von intensivem, momentanem *Selbsterleben* auf der einen und überdauerndem tragendem *Weltbezug* auf der anderen Seite. In diesem Spannungsfeld – bzw. in einer guten Mischung dieser beiden Pole – entstehen Glück und Lebenszufriedenheit.

Dieses Buch möchte Ihnen diese Hintergründe ausführlicher darstellen und Wege aufzeigen, diese Balance zu finden und zu gestalten, indem es Ihnen in allen drei Bereichen hilft, Ihr »Glück zu machen«.

Ausgangspunkt solcher Überlegungen sind nicht selten Momente, in denen das Lebensglück gerade bedroht erscheint – also sogenannte Krisen.

Krisen hindern uns vorübergehend daran, unser Leben so zu leben, wie wir es spontan wollen. Das heißt, sie »kränken« uns und können zu Krankheiten führen. Andererseits sind Krisen eine Chance, uns zu besinnen und darüber nachzudenken, was wir *eigentlich* im Leben erreichen wollen. Ebenso erinnert uns der Gedanke an den Tod daran, dass unser Leben begrenzt ist. Ein interessantes (und bekanntes) Gedankenspiel zu diesem Thema ist: »Wie würdest du dein Leben gestalten, wenn du wüsstest, dass du nur noch ein oder zwei Jahre zu leben hättest?!« Diese Frage hilft uns, das *Wesentliche vom Unwesentlichen zu unterscheiden.* Aus dieser Perspektive können Krisen zu einem Aufwach- oder Besinnungspunkt im Alltagstrott werden, damit wir unserem Leben neue Impulse geben und aktiv für eine bessere Lebensqualität sorgen können.

Wir müssen uns an dieser Stelle aber prüfen, ob wir bereit sind, geduldig und ausdauernd an uns selbst und unserer persönlichen Entwicklung zu arbeiten, oder ob wir insgeheim auf eine »Abkürzung« zum Lebensglück hoffen. Es werden viele Kurse und Behandlungsmaßnahmen angeboten, die so etwas suggerieren. Aber nur da, wo wir ausdauernd an uns selbst arbeiten, entwickeln wir eigene Fähigkeiten. Dort, wo wir durch andere etwas bekommen, ist das Glück nur »geborgt«. Etwas salopp ausgedrückt: »Nur selber essen macht stark.«

Freiheit und Verantwortung

Im Gegensatz zum Tier ist die Lebensentwicklung des Menschen letztlich nicht vorgezeichnet: Das Tier kann im

Rahmen seiner angelegten Möglichkeiten ausreifen, sich aber nicht darüber hinaus entwickeln. Im Gegensatz dazu ist das Leben des Menschen nur zum Teil durch Erbanlagen und Umweltbedingungen vorgegeben. Daneben ist der Mensch auch freigelassen und kann ganz neue Impulse in seinem Leben verwirklichen, die im Sinne einer individuellen Entwicklung über das Vorgegebene weit hinausgehen können.

Ohne an dieser Stelle tiefer in die gegenwärtig kontrovers geführte Diskussion um die Willensfreiheit des Menschen einzusteigen, sei hier zunächst nur kurz darauf verwiesen, dass der Mensch zumindest über eine gewisse »praktische Willensfreiheit« verfügt, wenn man ihn beispielsweise mit den Tieren vergleicht. Diese sind weitgehend von Instinkten bzw. Reflexen gesteuert, zumindest solange sie nicht von Menschen dressiert werden. Um den Unterschied des Entwicklungspotenzials zwischen Tier und Mensch zu veranschaulichen, sei auf ein einfaches Bild zurückgegriffen: Die meisten von Ihnen werden die Situation kennen, dass Menschen ein neugeborenes Kind auf dem Arm wiegen und fragen, was wohl aus dem Kind werden möge. Diese Frage verweist darauf, dass dieses Kind verschiedene Lebenswege ergreifen kann. Dabei spielen selbstverständlich auch die Einflüsse eine Rolle, denen dieses Kind ausgesetzt sein wird. Dennoch ist nicht vorhersehbar, wozu es das Kind »bringen wird«. Stellen Sie sich demgegenüber einen Bauern vor, der am Morgen in seinen Stall geht und ein neugeborenes Lamm auf den Arm nimmt und sich versonnen fragt, was aus diesem Lamm wohl werden möge … Die individuellen Entwicklungsspielräume von uns Menschen sind ungleich größer als die der Tiere!

Aber diese Entwicklung geschieht nicht von allein. Sie braucht einen »Architekten«, der die Verantwortung übernimmt. Freiheit und Verantwortung gehören zusammen, sind zwei Seiten derselben Medaille. In unserem westlichen Bewusstsein wird eher die Freiheit betont, die Verantwortlichkeit hingegen leicht übersehen.

Entwicklung zur Gesundheit

Freiheit bedeutet nicht nur die Wahlmöglichkeiten des Individuums. Wenn der Mensch in seiner Entwicklung zumindest teilweise frei ist, so heißt das, dass er auch von außen beeinflussbar ist (z.B. durch Werbung oder Erziehung). In gewisser Weise sind die Tiere durch ihre Anlagen und Instinkte geschützt, während der Mensch verführbar ist und auf Abwege geraten kann. So können Einseitigkeiten in der Lebensführung Keime zu Krankheiten werden. Wir haben zum Beispiel den Sinn für die Qualität von Nahrungsmitteln, einen natürlichen Lebensrhythmus oder soziale Instinkte verloren. Im Gegensatz zum Tier ist im Menschen die Möglichkeit zur Erkrankung (insbesondere zur seelischen) bereits in seiner Konstitution angelegt. Im Altertum bestand ein ausgeprägteres Bewusstsein dafür als heute, dass seine geistigen Erkenntnismöglichkeiten den Menschen aus dem Schutz und der Sicherheit der Natur herausführen. In der Bibel ist dieser Zusammenhang in der Vertreibung aus dem Paradies sinnbildlich beschrieben, nachdem der Mensch vom Baum der Erkenntnis gegessen hatte.

Wir haben die Freiheit, ein gesundes oder krankmachendes Leben zu führen. Umfassender ausgedrückt: Wir stehen zwischen Gut und Böse, wie es in den Epen des *Faust* oder *Peer Gynt* dargestellt ist. In einem Meditationsspruch von Rudolf Steiner klingt der Gedanke, dass Gesundheit erst errungen werden muss, so:

Es war in alten Zeiten,
da lebte in der Eingeweihten Seelen
kraftvoll der Gedanke,
dass krank von Natur aus
ein jeglicher Mensch sei.

Und Erziehen ward angesehen
gleich dem Heilprozess,
der dem Kinde mit dem Reifen
die Gesundheit zugleich erbrachte
für des Lebens vollendetes Menschsein.

Dieser Gedanke ist zugegebenermaßen ungewohnt und erklärungsbedürftig: Eine gesunde Lebensführung ist eine Gratwanderung bzw. verlangt eine Balance zwischen verschiedenen Extremen, die sich jeweils kurzfristig angenehm anfühlen mögen, aber als anhaltende Einseitigkeiten in Krankheitszustände führen. Eine gute Erziehung soll uns auf diesen Lebensweg vorbereiten. Wir wissen aber alle, wie wenig Raum einer »Erziehung zum gesunden (hygienischen) Leben« eingeräumt wird. Hygiene meinte in früherer Zeit eine umfassende Erziehung zur körperlichen, seelischen und geistigen Gesundheit. Heute ist der Begriff zum »Händewaschen vor dem Essen« degeneriert.

Durch die Fortschritte der naturwissenschaftlichen Medizin in den letzten 150 Jahren sind diese feineren Zusammenhänge etwas aus dem Bewusstsein geraten. Die Fortschritte der naturwissenschaftlichen Medizin spielten sich vor allem im Bereich der körperlichen Seite des Menschen ab (zum Beispiel bei der Wundversorgung, den Operationstechniken, der medikamentösen Behandlung). Die seelisch-geistige Seite trat in der Medizin in den Hintergrund, wenn man einmal von der Psychoanalyse absieht. Entsprechend hatten philosophische Modelle Konjunktur, die die stofflich-leibliche Seite des Menschen in den Vordergrund stellten und alle seelisch-geistigen Tätigkeiten ausschließlich auf verfeinerte körperlicher Vorgänge (Emergenzen) zurückführten. Es überwogen die Krankheitsvorstellungen vom »an sich gesunden Menschen, der durch Außeneinwirkungen (Keime oder Umwelteinflüsse) krankgemacht wird« (sogenannter *pathogenetischer Ansatz*). Im Sinne dieses Krankheitsverständnisses ist es konsequent, Infekte überwiegend mit Antibiotika zu behandeln, um die krankmachenden Keime zu töten.

Mit der »Einführung des Subjektes in die Forschung« nach dem Zweiten Weltkrieg durch Victor von Weizsäcker gibt es wieder Konzepte, diese Einseitigkeit aufzulösen. Ausgehend von der Frage, warum bei vergleichbarer Belastung manche Menschen erkranken und andere nicht, wurde in den letzten Jahrzehnten der Einfluss des einzelnen Menschen auf den Krankheitsverlauf wieder deutlicher. Denn bereits die nahe liegende Frage, warum sich nicht alle Menschen in einem Bus anstecken, lässt ahnen, dass Faktoren im einzelnen Menschen wesentlich mitentscheiden, ob es zu einer Erkrankung kommt oder nicht. Die neueren Ergebnisse der Traumaforschung bestätigen dies: Ob ein Ereignis zu einer Traumatisierung führt oder nicht, hängt vor allem davon ab, über welche Konstitution und welche Bewältigungskräfte, sogenannte Ressourcen, der betroffene Mensch verfügt.

Solche wissenschaftlich untersuchten Ressourcen bzw. Schutzfaktoren sind (nach Ulrich T. Egle) zum Beispiel:

- mindestens durchschnittliche Intelligenz
- flexibles, annäherungsorientiertes, extravertiertes Temperament
- positives Selbstwertgefühl
- soziale Unterstützung, sicheres Bindungsverhalten
- aktives Problemlösungsverhalten
- das Gefühl, Lösungen selbst herbeiführen zu können
- gutes Sozialverhalten und Kommunikationsfähigkeiten
- übernommene Werte
- positive Zukunftserwartungen

Bereits Viktor E. Frankl wies als KZ-Überlebender in seinem Buch *Trotzdem Ja zum Leben sagen* darauf hin, dass diejenigen überlebten, die sich gedanklich auf eine andere Welt jenseits der KZ-Situation ausrichteten und daraus Hoffnung und Kraft zum Überleben zogen.

Aaron Antonowsky befasste sich systematisch mit diesen Fragen und beobachtete in den siebziger Jahren bei seinen Forschungen, dass ein kleiner Teil von Holocaust-Überlebenden sich besser mit dem Erlebten abzufinden vermochte. Er versuchte herauszufinden, was diesen Menschen half, gesund zu bleiben, und formulierte daraus seinen *salutogenetischen (gesundheitsfördernden) Ansatz,* in dessen Mittelpunkt der *Kohärenzsinn* (sense of coherence) steht.

Dieser Kohärenzsinn ist ein durchgängiges Lebensgefühl, das bereits bei jungen Menschen angelegt wird und sich als tragendes Fundament durch das ganze Leben zieht. Wichtige Elemente sind die Fähigkeit, frühere Erfahrungen positiv zu verarbeiten, Konfliktfähigkeit, die Fähigkeit, soziale Bezüge positiv zu gestalten, sowie das Gefühl, in soziale Gemeinschaften eingebunden zu sein.

Zum Kohärenzsinn gehört somit ein individuell gefundenes Wertesystem, aber eben auch die Fähigkeit zur aktiven Problembewältigung. Neuere Forschungsergebnisse zeigen, dass zum Beispiel Manager, die einen hohen Kohärenzsinn haben, besser mit schwierigen Problemen und Rückschlägen umgehen können. Die anerkannte Fachzeitschrift *American Psychologist* veröffentlichte im Januar 2003 ein Themenheft, in dem wissenschaftliche Untersuchungen bestätigten, das regelmäßige Kirch- oder Gottesdienstbesucher ein niedrigeres allgemeines Erkrankungsrisiko haben und Religion oder Spiritualität – vermittelt durch eine gesündere Lebensweise – vor Gefäßerkrankungen schützt. Bereits 1989 nannte George Vaillant »die Teilnahme an spirituellen Vereinigungen« als eine wichtige Rückfall verhindernde Bedingung bei Alkoholabhängigen. Vor dem Hintergrund dieser Forschungsergebnisse bekommt das Bibelwort: »Dein Glauben hat dich geheilt« im Sinne der Ressourcenaktivierung eine aktualisierte Bedeutung. In diesem Buch sollen Kenntnisse vermittelt und Übungswege aufgezeigt werden, um unser geistiges Potenzial als Ressource für eine bessere Lebensqualität zu nutzen.

Das Problem der inneren Anspannung

Wir Menschen sind alle um eine gewisse innere Ausgeglichenheit bemüht. Sicher und gelassen fühlen wir uns, wenn das, was wir erleben, mit dem im Einklang ist, was wir uns vorstellen und erwarten (siehe Abb. 2 auf Seite 32). Weicht das, was wir erleben, deutlich von unseren Erwartungen ab, entstehen innere Spannungen, die uns unangenehm sind. Daher suchen wir Wege, diese Spannungen zu vermindern.

Gelingt es uns nicht, durch Aktivitäten die Spannung aufzulösen, suchen wir nach anderen Wegen zur *Spannungsminderung.* Dabei können wir zum Beispiel stimmungsverändernde Stoffe zu uns nehmen (Alkohol, Medikamente, Drogen).

Eine anhaltende innere Spannung kann aber auch zu seelischen Symptomen (z. B. Ängsten, Depressionen, Zwängen oder impulsiven Handlungen) oder körperlichen *Funktionsstörungen* führen (z. B. Bauchkrämpfen, Atemnot, Schlafstörungen, Schwindel oder Schmerzen).

All diese Symptome gehen mit vermehrtem Stresserleben und entsprechenden körperlichen Veränderungen (z. B. Verschiebungen im vegetativen Nervensystem oder bei der Hormonausschüttung) einher. Bestehen diese Veränderungen dauerhaft, richtet sich der Körper darauf ein und die zunächst rückbildbaren funktionellen Störungen können zu Schäden der Körperstrukturen führen, die dann nicht immer völlig rückbildbar sind. Aus diesem Grunde ist es wichtig, langfristig bessere Lösungen zur Spannungsreduktion zu finden (siehe Abb. 2 auf Seite 32).

Dieses Spannungsfeld kann nun, wiederum durch Pole dargestellt, in zwei grundsätzlich unterschiedlichen Richtungen angegangen werden (siehe Abb. 3 auf Seite 33).

In der Regel wollen Menschen die Welt so, wie sie sie sich wünschen und denken, dass sie dann glücklich wären. Das liegt nahe und entspricht dem, was Jean Piaget ein *alloplastisches Lösungsmodell* nennt. Man macht sich die Welt passend oder – biblisch gesprochen – untertan.

Generell haben wir – zumindest im westlichen Kulturkreis – eine starke Tendenz, die Welt so zu gestalten, wie es unseren Vorstellungen entspricht. Das ist aber nicht unbedingt der einfachste Weg. Im Eheleben lässt sich beobachten,

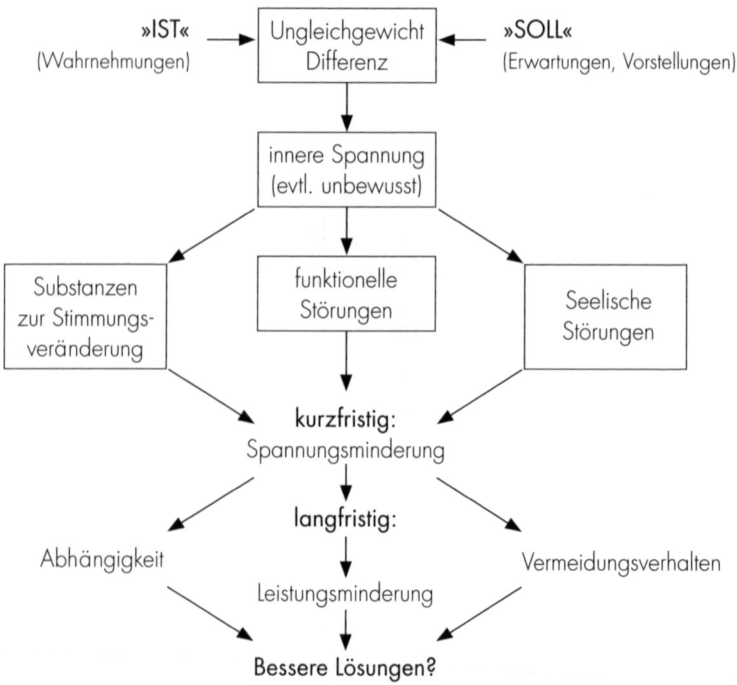

Abb. 2

wie einer der Ehepartner ganz naiv und zuversichtlich die Ehe mit dem Vorsatz beginnt: »Den andern / die andere werde ich mir schon erziehen.« Jeder möge selbst prüfen, inwieweit ihm oder ihr das gelungen ist!

An dieser Stelle sei ein Spruch von *Eugen Roth* zitiert:

Der Mensch erhofft sich heimlich still,
dass er einst das kriegt, was er will,
bis er dann doch dem Wahn erliegt
und endlich das will, was er kriegt.

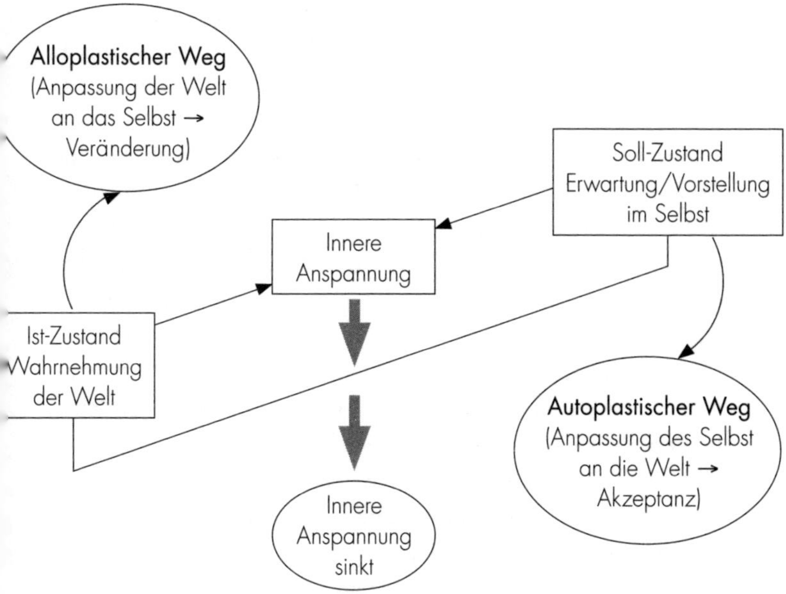

Abb. 3

Der Spruch deutet an, dass wir Entspannung auch erreichen können, indem wir die Erwartungen verändern. Das nennt Piaget eine *autoplastische Lösung*: Ich »verforme« mich und mache mich zur Welt passend. Das ist im Grunde viel einfacher. Dazu ein konkretes Beispiel: Wenn Sie ein neues Auto haben, ist der erste kleine Kratzer eine mittlere Katastrophe. Vielleicht haben Sie sogar noch versucht, den Kratzer mit Polierpaste zu beseitigen. Ein Jahr und viele weitere Kratzer später stören Sie die Kratzer kaum noch oder gar nicht mehr. Sie sehen: Das Problem ist nicht der Kratzer als solches, sondern dass Ihre Vorstellung vom heilen Auto beschädigt wird. Nachdem Sie die Vorstellung loslassen konnten (oder mussten), war der Schmerz verschwunden (und Sie konnten sich das Polieren sparen und stattdessen z. B. mit einem lieben Menschen Eis essen gehen).

Zunächst wird dieser Weg von vielen Menschen aber nicht gewünscht. Das ist sehr gut verständlich, erleben wir doch in der ersten Lebenshälfte zunächst eine Aufbauphase: Unsere körperlichen Kräfte und Fähigkeiten nehmen zu, wir erobern die Welt bzw. leben uns in diese hinein. Unsere Willenskräfte tragen uns, Ziele motivieren, wir haben Hoffnungen und Ideale. Wir können und wollen die Welt verändern! Wir haben quasi ein gewisses blindes Vertrauen in die Zukunft. Wir verbinden uns leicht mit anderen Menschen und haben Interesse an Neuem. Bildlich gesprochen atmen wir uns in die Welt aus, etwa so, wie wir uns im Sommer verstärkt auf die Welt einlassen. In der griechischen Mythologie ist diese Tendenz in der Figur des *Prometheus* beschrieben, der kraftvoll-zuversichtlich seine Impulse in die Welt trägt.

In der zweiten Lebenshälfte verschieben sich – ohne scharfe Grenze – die Akzente: Die körperlichen Kräfte nehmen ab, der Schlaf ist nicht mehr so erholsam, wir haben weniger Spannkraft, das frühere unbewusste Vertrauen weicht zunehmender Skepsis, wir sind in der Beziehungsaufnahme vorsichtiger, ziehen uns gern ins Private zurück. Man schätzt das Vertraute und Bewährte, lebt stärker in Erinnerungen bzw. in seinen Gedanken, hält Ernte, »zählt seine Schafe«, wie *Epimetheus* in der griechischen Mythologie.

Glücklich ist, wer die Früchte des Lebenssommers jetzt ernten kann. Seelisch bedrückt ist der, dessen Hoffnungen trogen, der sich getäuscht fühlt, dessen »Kredit auf die Zukunft« niemand zurückbezahlen will. Düstere Sorgenwolken verdunkeln das innere Licht, das schwach wird und zu verlöschen droht. Hinter einer unbestimmten Bekümmertheit, diffuser Angst, lähmender Antriebslosigkeit, ungerichteter Unruhe oder wechselnden körperlichen Beschwerden ohne fassbaren Befund lauern Trauer und Wut, Enttäuschung über ein (vermeintlich) sinnlos gewordenes Leben.

In einer ähnlichen Situation befinden sich Menschen, die in relativ jungen Jahren unerwartet einen Schicksalsschlag erleiden – sei es eine mit schweren Beeinträchtigungen einhergehende Krankheit, der Verlust eines geliebten Menschen oder eine dramatische Änderung der Lebenssituation. Das bisherige Lebensfundament ist erschüttert, das zuvor Haltgebende hält nicht mehr, das »Seelengewässer« wogt in Unruhe. Wer kann das Meer beruhigen?

Schicksalsschläge oder schleichende Enttäuschung – wir fühlen uns als Opfer in dieser Lebenssituation. Aber was heißt »Ent-Täuschung«? Letztlich doch »nur« das Ende einer Täuschung! Wir selbst haben uns in unserer Lebenssicherheit getäuscht. Wir haben uns auf etwas verlassen, was *so* nicht getragen hat. Jetzt müssen wir schmerzlich dazulernen, den Kurs unseres Lebensschiffes neu bestimmen. Doch was dient uns dabei als Kompass?

Für die Älteren unter uns ist es besonders klar: Jedes Leben endet mit dem Tod. Meist verdrängen wir dies, um unbeschwerter leben zu können. Dabei laufen wir Gefahr, Wichtiges aufzuschieben und unsere Zeit mit Unwichtigem zu verbringen. Aber die Zeit der Gebrechlichkeit und der Tod selbst werden uns einholen! Ist das Aufschieben der wichtigen Dinge die richtige Vorbereitung? Kann nicht der Tod der »Lehrmeister« für ein bewussteres Leben sein? Lähmt nicht die Vorstellung eines endlosen Lebens letztlich jede Initiative und schläfert uns ein? Motiviert uns nicht gerade das Bewusstsein der Endlichkeit, Prioritäten zu setzen, Wichtiges von Unwichtigem zu unterscheiden und Dinge anzupacken, bevor es »zu spät« ist? Als Beispiel sei die Geschichte des indischen Prinzen Siddharta angeführt.

Siddharta war der Sohn eines indischen Herrschers. Bei der Geburt erhielt dieser das Orakel, dass sein Sohn entweder Feldherr oder ein Weiser werden würde. Da sich der Vater lieber einen Feldherrn als Sohn wünschte, ließ er den Prinzen abgeschirmt von der Welt in einem riesigen Palast aufwachsen. Der Prinz lebte dort, heiratete und bekam einen Sohn. Mit über 30 Jahren verließ er erstmals in Begleitung eines vertrauten Freundes den Palast. Dort begegnete den beiden ein alter Mann. Siddharta fragte seinen Begleiter, ob er auch so alt und gebrechlich werden würde, was dieser wahrheitsgemäß bejahte. Beim zweiten Mal begegnete den beiden ein Kranker. Die Frage von Siddharta, ob auch er krank werden würde, musste der Freund ebenso bejahen. Beim dritten Mal wurde ein Toter vorbei getragen und der Freund offenbarte Siddharta, dass auch er eines Tages würde sterben müssen. Daraufhin erkannte Siddharta, dass alles, was er als Lebensglück kennen gelernt hatte, vergänglich war. Er verließ Frau, Kind und den Palast, lebte als Mönch und wurde zum Buddha.

Wir leiden an unseren Vorstellungen

Aus dem Buddhismus wissen wir: »Das Leid kommt vom Begehren«. Wir leiden immer dann, wenn das Leben sich nicht an unsere Vorstellungen halten will! Sind unsere Vorstellungen mächtiger als das Leben, mächtiger als das Schicksal?

Gewiss, wir kommen als Menschen auf die Welt mit der Möglichkeit, etwas zu bewegen. Und wer keine Ideale hat, keine Vorstellungen, hat auch kein Ziel, auf das sich die Willenskräfte richten können. Aber dieser »harte«, zielgerichtete Wille kann sich an den Widerständen brechen, die das Schicksal uns in den Lebensweg legt. Dann müssen wir unseren Lebenssinn neu ausrichten. Dieser Aufgabe können wir uns trotz aller Schmerzen nicht entziehen! In ihr steckt aber auch die Chance zu einem ausgewogeneren, bewussteren und »persönlicheren« Leben. In dieser Situation helfen Mut und »harter Wille« nicht weiter. Statt Mut brauchen wir »De-Mut«, auch wenn das Loslassen unserer geliebten Vorstellungen schwer fällt.

Zunächst müssen wir die Lebenssituation bedingungslos so anerkennen, wie sie ist. In einer gewissen Weise müssen wir kapitulieren und das – zumindest teilweise – »Versagen« unseres bisherigen Lebensentwurfes anerkennen. Das tut weh! Aber erst dieses schmerzhafte Opfern der gewohnten Vorstellungen macht den Weg frei für die noch möglichen kleinen Lösungen, die wir vorher oft gering geschätzt hatten. Wir müssen wieder lernen, uns über einen kleinen Schritt zu freuen und nicht immer auf das zu sehen, was wir noch nicht geschafft haben. Dies nennt man auch die sogenannte »Positivitätsübung«. Es gibt keinen objektiven Maßstab, ab wann etwas »gut« oder ein Erfolg ist.

Es ist eine Frage der Erwartungen bzw. der inneren Einstellung. Wer sich von seinen Vorstellungen lösen kann und weniger erwartet, wird leichter positiv überrascht werden, wenn etwas gelingt. Und wenn wir dann das rechte Augenmaß haben, das Mögliche anzugehen, haben wir eine gute Chance, Momente der Freude zu erleben. Das ist ein Aspekt von Lebenskunst.

Biografische Gesetzmäßigkeiten im Lebenslauf

Aus anthroposophischer Perspektive verbindet sich ein individueller Persönlichkeitskern, das sogenannte »höhere Ich«, mit der genetisch bedingten körperlichen Grundlage. Die sich entwickelnde körperliche, seelische und biografische Gestalt ist das Ergebnis der Durchdringung von körperlicher Grundlage, Umwelteinflüssen und diesem individuellen Persönlichkeitskern. Dieses Ich entspricht dem, was Victor E. Frankl ein »Drittes« nannte (»Terzium datur«). Dieser Blickwinkel erweitert das bio-psycho-soziale Modell des Menschen, das derzeit im wissenschaftlichen Verständnis vorherrscht.

Wie wir in uns selbst und in der Welt stehen, verändert sich im Laufe unseres Lebens. Wir gestalten unsere Biografie. Dabei spielen neben unseren persönlichen Faktoren (Erbanlagen, Umwelteinflüsse und individuelle Intentionen unseres Ichs) auch gewisse Gesetzmäßigkeiten eine Rolle. Wenn wir das Leben in *drei große Abschnitte* unterteilen und jeden Abschnitt in drei mal sieben Jahre (die sogenannten »Jahrsiebte«), dann erfolgt in diesen *ersten 21 Jahren* ein Hineinleben in den Organismus, ein Durchdringen (siehe Abb. 4).

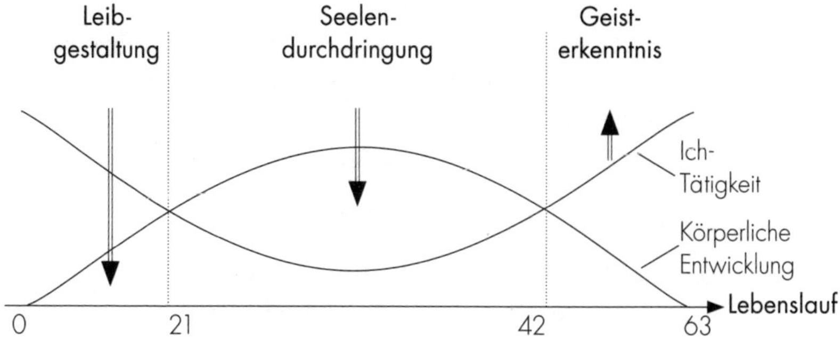

Abb. 4

Danach kommt die Phase, in der das Ich im Seelischen bewusster tätig wird – nicht so unbewusst wie während der ersten drei Jahrsiebte mit dem Trotzen, der Pubertät und den schwärmerischen Ideologien. In diesen mittleren 21 Jahren von *21 bis 42* geht es um die Fragen: Wie finde ich meinen Platz in der Welt? Wie behaupte ich mich? Womit verbinde ich mich? Nun muss das Ich bewusst an der seelisch-leiblichen Grundlage arbeiten. Das geht nicht mehr von allein. Bis zum 21. Lebensjahr entwickeln wir uns mehr oder weniger unbewusst; wir werden erzogen. Was danach kommt, hängt davon ab, wie wir im Sinne der Selbsterziehung an uns arbeiten.

In dem dritten Abschnitt vom *42. bis zum 63.* Lebensjahr geht es dann darum, dieses noch ein wenig selbstzentrierte In-der-Welt-Stehen wiederum aufzulösen, umzugestalten zu dem Menschen, der sich nicht mehr nur umschaut, was ihm die Welt bietet, wie er in ihr Spaß haben kann, wie er sich am bequemsten irgendwo einrichten kann. Der Mensch muss nun ein Stück innerer Loslösung schaffen und sich nach dem umsehen, was die Welt von ihm braucht, was er für die Welt tun kann. Er versucht noch tiefer gedanklich zu durchdringen, was in der Welt geschieht. Und dies nicht nur zum Eigennutz, sondern um überpersönlich verstehend und gestaltend auf die Welt einzuwirken.

Dann kommt *ab 63 Jahren* das Alter der Gnade.

Nachfolgend werden diese Lebensabschnitte etwas genauer skizziert. Für Interessierte findet sich zudem eine noch etwas ausführlichere Darstellung der Entwicklungsaufgaben und -fragen im Anhang (siehe Seite 191 ff.), weiterführende Literatur bieten die Bücher von Gudrun Burkhard und Matthias Wais.

Erster Lebensabschnitt – »Das Wachstum«

0 bis 7 Jahre

Das Kind lebt und entwickelt sich im unbewussten Nachahmen. Die Ich-Kräfte ergreifen den Organismus, bauen ihn auf und individualisieren ihn im Spannungsfeld mit den vererbten Anlagen. Man kann beobachten, dass nach den Kinderkrankheiten die Gesichter der Kinder immer individueller werden. Das Vertrauen in den eigenen Körper und das grundlegende Selbstvertrauen werden in dieser Zeit angelegt. In der Trotzphase zeigt sich eine erste Behauptung des ichhaften Eigenwillens. Äußere Einflüsse prägen sich unbewusst in die Körperlichkeit ein, ohne dass man den Kindern die Belastungen anmerkt. Sie tauchen unter Umständen Jahrzehnte später als seelische Krisen wieder auf.

8 bis 14 Jahre

Mit dem Zahnwechsel ist der grundlegende Körperaufbau abgeschlossen, die körperaufbauenden Kräfte werden jetzt frei für ein träumend-fühlendes Mitschwingen mit den Stimmungen der Umgebung. In dieser Phase erfolgt die Gemütsbildung, das moralisch-ästhetische Empfinden und die gefühlsmäßige Grundlage des Selbst- und Weltverständnisses werden angelegt. In dieser Zeit brauchen die Kinder Vorbilder, denen sie nacheifern können. Sie beginnen sich als eigene Wesen zu erfühlen, was sich in der beginnenden Pubertät im Ringen um eine eigene Gefühlsidentität oder einen eigenen Geschmack zeigt. Noch werden die Werte und Meinungen der Eltern überwiegend angenommen.

15 bis 21 Jahre

Mit der Geschlechtsreife ist die körperliche Entwicklung und Ausdifferenzierung weitgehend abgeschlossen. Die Kinder haben jetzt das charakteristische Gesicht, das sie bis zum Lebensende behalten. Die Aufbaukräfte stehen für eine komplexere, abstraktere Gedankenbildung zur Verfügung. Oft wollen die Jugendlichen jetzt von sich aus lernen. Sie lösen sich auch gedanklich von den Eltern, suchen nach eigenen Werten und Zielen, anfangs noch idealistisch-schwärmerisch. Aus der Neurobiologie wissen wir, dass die Funktion der Gehirnrinde noch bis zum 21. Lebensjahr weiter ausreift. Erst dann sind wir richtig erwachsen und ganz in der Welt angekommen.

Zweiter Lebensabschnitt – »Die Blütezeit«

21 bis 42 Jahre

In diesem mittleren Lebensabschnitt erobern wir als Individuen die Welt, bringen eventuell unsere Ausbildungen zu Ende, finden unseren Lebens- und Arbeitsplatz, unsere Partnerschaften und Freunde, gründen Familien, entwickeln Hobbys und bauen eventuell ein eigenes Haus. Es sind die Jahre der intensiven Verbindungen mit der Welt, die sogenannten »besten Jahre«. Wir sind auf dem Gipfel unserer Kräfte und der Gesundheit, stehen mitten im Leben und sind »gesellschaftstragend«.

Dritter Lebensabschnitt – »Die Reifezeit«

42 bis 63 Jahre

Jetzt reifen die Früchte unserer Blütezeit entsprechend den Grundlagen heran, die wir im ersten und zweiten Lebensabschnitt gelegt haben. Während wir uns im zweiten Lebensabschnitt selbst verwirklichen durften, wird jetzt der Blick wieder weiter und wir sehen mehr das Ganze – von unserer eigenen Person gelöst. Wir geben der Welt etwas zurück, fördern und »ernähren« die nächste Generation, während die eigenen Kräfte langsam nachlassen. Es zeigt sich, ob mein Lebensgefühl auf ein selbstbezogenes »Mehr« an Genuss oder materielle Güter angelegt war oder ob ich mich mit meinen Werten und Zielen mit dem Ganzen verbunden fühle, also tragende Beziehungen zu anderen Menschen aufbauen konnte. Denn dann kann ich mich auch mitfreuen, wenn andere auf dem von mir Angelegten aufbauend »die Sache« weiterentwickeln und ihrerseits Erfolge haben – egal ob in der Familie oder im Beruf. Dies verlangt aber die Fähigkeit, sich gefühlsmäßig von den Dingen zu lösen und einen sachlich-geistigen Blick auf sie zu entwickeln. Wege zu dieser Entwicklung werden im zweiten Teil dieses Buches beschrieben (siehe Seite 99 ff.).

Vierter Lebensabschnitt – »Ernten und Welken«

63 Jahre bis zum Lebensende

Mitte der sechziger Jahre steigen die meisten von uns aus dem berufs- oder kinderbezogenen Familienleben aus und können bzw. müssen sich auf sich selbst zurückziehen. Die körperlichen Einschränkungen werden stärker, oft nimmt auch die Einsamkeit zu. Das Leben trägt uns nicht mehr. Es gibt keine Zukunft mehr, auf die wir hoffen können. Wir halten unbarmherzig die Früchte des Lebens in den Händen, wir ernten, was wir gesät haben. Jetzt zeigt sich, wer einen tragenden geistigen Halt in sich entwickelt hat, wer jenseits der konkreten, situativen körperlichen Genüsse einen Schatz nährender innerer Bilder und Erinnerungen anlegen konnte und wer unegoistisch dauerhafte, wertschätzende geistig-inhaltliche Beziehungen zu anderen Menschen aufgebaut hat. Spätestens jetzt tragen ideelle Werte mehr als materielle, zählt Tugend mehr als Macht und Ansehen.

Im Überblick sehen wir zunächst eine Bewegung ins Leben hinein mit einem Aufbau körperlicher Kräfte, dann in der Lebensmitte ein Plateau mit der Reifung seelischer Kräfte, zuletzt ein Nachlassen der körperlichen Kräfte mit der Chance zu einer geistigen Entwicklung. Man könnte sagen: Rein körperlich ist das Leben ein Wachsen, Blühen und Vergehen in einem endlosen Kreislauf. Nur wenn wir die sich aus dem Körperlichen heraus entwickelnden, seelischen Kräfte nutzen, daraus eine bleibende geistig-kulturelle Essenz zu bilden, entsteht eine Entwicklung – individuell und gesellschaftlich. So werden wir zum Schöpfer unserer Biografie, so verwandeln wir Natur zu Kultur. Diese Entwicklung geschieht nicht von sich aus, sondern es liegt in unserer Hand, welche Impulse wir in unserem Leben verwirklichen, welchem »Herren wir dienen«.

Wenn wir diese *Loslösung von unserer Leibdurchdringung* nicht erreichen, was geschieht dann? Das sehen Sie in den Praxen von Ärzten und Psychologen bzw. in anderen Beratungseinrichtungen, wenn Menschen an der Vorstellung festhalten: »Ich muss doch so bleiben, wie ich war.«

Das ist ein tiefer Irrtum, weil der Mensch körperlich zwangsläufig in Alterungsprozesse hineinkommt, wie es auch in der Geschichte von Buddha beschrieben wurde. Und wenn wir das nicht bejahen, nicht annehmen, nicht mit der richtigen inneren Antwort ergreifen können, dann beginnen wir wirklich zu leiden. Ich möchte dies kurz bildlich andeuten: Als Kinder, als Jugendliche sind wir ein bisschen selbstzentriert. Die Welt dreht sich um uns, wir sind auf eine eher träumerische Art mit ihr verbunden, auch mit der Gefahr des schwärmerischen Sich-Verlierens, des Auflösens im Fantastischen, des Verlierens der Bodenständigkeit. So sind die jungen Menschen, die

 nicht an die Rente denken, die irgendwann auch einmal auf

sie zukommt. In diesem Lebensalter ist das gewissermaßen noch normal und noch kein Zustand von Krankheit.

Wenn wir jedoch im mittleren Lebensabschnitt nicht bewusst tätig werden, dann holt uns das Altern unvorbereitet ein, denn die körperliche Grundlage wird unweigerlich spröder, härter, sklerotischer. Aber nicht nur die körperliche Seite verhärtet, sondern – wenn wir nicht am Seelischen arbeiten – auch die Seele. Bei einem Besuch in einem Altersheim taucht unweigerlich die Frage auf, warum diese vielen alten Menschen, die man hier zusammenbringt, so isoliert und für sich bleiben. Jeder alte Mensch sitzt zurückgezogen in seinem Kämmerchen und wartet, dass die Familie zu Besuch kommt, was sie meist viel zu wenig tut. Aber es sitzen ja nebenan lauter Nachbarn, die eigentlich das gleiche Problem haben. Man kann sich doch fragen, woran es liegen könnte, dass sie kaum miteinander reden. Vorbei ist die Zeit jugendlicher Wohngemeinschaften, in der man sich noch mit dem Chaos der Mitbewohner arrangieren konnte. Diese Bereitschaft, sich tiefer auf andere Menschen einzulassen, nimmt ohne unser Zutun ganz deutlich ab. Manch alter Mensch möchte nur seine eigenen Geschichten erzählen. Eigentlich ist das schon Ausdruck seiner *seelischen Sklerotisierung*; es kommt zu einer Verhärtung, weil im Festen immer physischer werdende Gewohnheiten stecken. Anders formuliert: Die Ebene der regenerativen Lebens- bzw. Aufbaukräfte, die im Grunde genommen lebendig, beweglich, geschmeidig bleiben müsste, um ein waches bewegliches Seelenleben zu haben, wird immer spröder, starrer und holziger. Und wenn wir dagegen nichts tun, wenn wir nicht bewusst an unseren seelischen Verhärtungstendenzen arbeiten, werden wir fast unweigerlich selbst in diese Verhärtungsfalle hineinlaufen.

Skizze eines spirituell erweiterten Verständnis des Menschen

Die Ebenen menschlichen Seins

Ohne in den seit Jahrhunderten währenden philosophischen Streit über die eigentliche Natur des Menschen einzusteigen, soll an dieser Stelle eine ganz pragmatische Beschreibung der verschiedenen Ebenen menschlichen Seins versucht werden, die vom »naiven« Alltagserleben ausgeht (siehe Tab. 1).

Diese im Folgenden ausgeführte Gliederung ist etwas differenzierter als der klassische Dualismus der Psychosomatik.

Der *stoffliche Leib* des Menschen ist aus den gleichen Stoffen aufgebaut wie die Umwelt. Zwischen den Stoffen wirken auch die physikalischen Kräfte. Solange wir leben, sind diese jedoch durch biologische Kräfte überformt und dadurch in ihrer Funktion verfeinert. Der Unterschied wird deutlich, wenn wir beobachten, was nach dem Tod geschieht: Nach dem Tode ziehen sich die Lebenskräfte von der Materie zurück und der Leib zerfällt. Er wird zu einem Stück unbelebter Natur und unter Umständen wieder Nahrung für andere Lebewesen.

Mensch	Geist	individuelles Anteilnehmen an den geistigen Zusammenhängen und Gesetzen der Welt	objektive geistige Gesetze
Tier	Seele	den psychologischen Gesetzen folgendes individuelles Seelenleben	subjektiver Erlebensmittlpunkt
Pflanze	Leben	nach biologischen Gesetzen organisierter, lebendiger, individueller Leib	individuelle Lebensgrundlage
Stein	Stoff	nach physikalischen Gesetzen organisierte Materie als Teil der Umwelt	objektive physikalische Gesetze

Die Organisationsform des *lebendigen Leibes* zeigt ähnliche Gesetzmäßigkeiten wie das Pflanzenleben. Obwohl sich an unserer stofflichen Zusammensetzung wenig geändert hat, können wir uns morgens nach dem Schlaf voller Spannkraft und abends schlaff-ermattet fühlen, wie eine Pflanze, die zu wenig Wasser hat. Dieser »pflanzenhaft-vegetative« Zustand ist am deutlichsten während des Schlafens zu beobachten, wenn sich das seelisch-geistige Leben zurückzieht.

Unser *Seelenleben* ist ähnlich organisiert wie das der Säugetiere: Wir empfinden leibnahe Bedürfnisse (Triebe), die wir versuchen, selbstbezogen zu befriedigen, zudem reagieren wir unbewusst-reflexartig auf Außenreize. Damit ist durchaus ein gewisser Selbstschutz im Sinne der Arterhaltung verbunden. Im Seelischen tauchen wir ein in unsere Gefühle; wenn wir fühlen, sind wir identisch mit dem Gefühlten, haben wenig Distanz dazu, dafür aber ein starkes Gefühl von Lebendigkeit oder sogar ein lustvolles Gefühl.

Die *geistige Ebene,* die den Tieren – soweit wir das beurteilen können – nicht zur Verfügung steht, ermöglicht uns eine Orientierung an überpersönlichen, objektiven, geistig-moralischen Gesetzmäßigkeiten. Auf dieser Ebene sind wir zur Selbstbeobachtung fähig, können uns von unseren Gefühlen distanzieren, ein »Bewusst-Sein« davon haben, uns gewissermaßen »selbst über die Schulter schauen«. Aus dieser Haltung heraus vermögen wir die Zusammenhänge der Welt abstrakt zu verstehen und Gesetzmäßigkeiten zu formulieren. Diese Fähigkeit ist die Grundlage allen wissenschaftlichen Fortschritts. Auf dieser Ebene erkennen wir auch Werte an, verbinden uns durch Einsicht mit ihnen. Auf dieser Ebene entsteht unsere Wahlfreiheit. Diese Distanz zum emotionalen Erleben ermöglicht es uns, auch unseren Egoismus zu überwinden und moralisch zu handeln. So können wir zum Beispiel ganz bewusst einem Impuls *nicht* nachgeben oder etwas verschenken bzw. opfern, was Tiere (und Kinder noch) nicht können.

Diese Möglichkeit verdanken wir unserem Großhirn, genauer dem sogenannten Stirnhirn. Das ist der Hirnteil, der sich hinter der Stirn vorwölbt und uns maßgeblich von den Tieren unterscheidet. Diese Region ist aktiv, wenn wir gezielt Pläne fassen, abwägen bzw. Impulsen bewusst nicht folgen. Sie benutzen wir, wenn die spontanen Reaktionen des emotionalen Gehirns auf Sinnesreize reguliert bzw. sogar völlig gehemmt werden (siehe Abb. 5). Dadurch können wir Einfluss nehmen auf die aktivierten Körperprozesse und Gedächtnisinhalte. Durch Aktivitäten, die auf der Ebene der Großhirnrinde in bildgebenden Verfahren sichtbar gemacht werden können, können wir das Erlebte gedanklich be- und verarbeiten und neue Regeln lernen, die später unser Verhalten verändern können. Dadurch können die spontan-

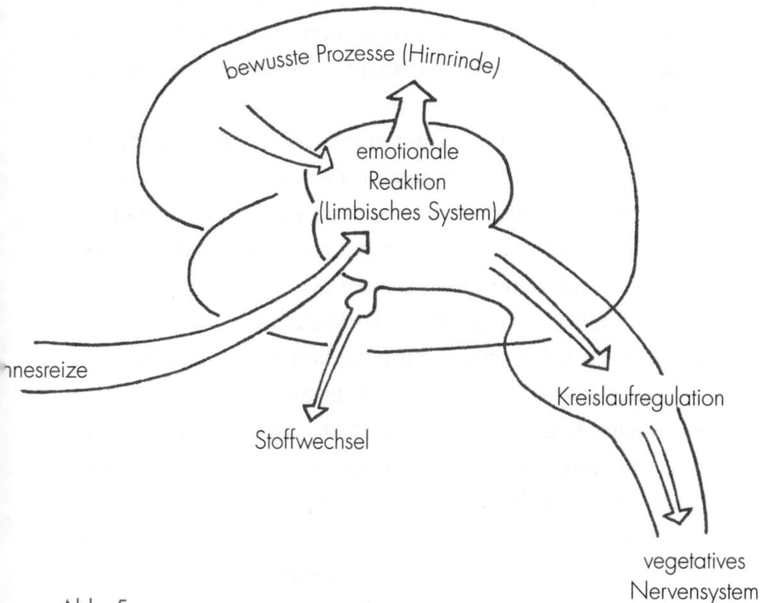

Abb. 5

reflexhaften Naturprozesse in uns nach und nach verändert werden, sodass »Kultur« entsteht.

Einige weitere Aspekte sollen helfen, den Sinn der oben beschriebenen Viergliederung zu verdeutlichen:

Betrachten wir zunächst den Aspekt des Räumlichen. Auf der *physisch-leiblichen Ebene* kann nur *ein* Ding an einer Stelle sein. Obwohl wir wissen, dass zwischen den Atomen unseres Leibes Raum ist, ist unsere Organisationsform so dicht, dass wir andere Gegenstände von dem Platz verdrängen, den wir betreten. Dafür bleiben die physikalischen Wirkungen auf diesen Raum beschränkt.

Beim *belebten Organismus* strahlt die Wirkung in die

Umgebung aus. So strahlen Pflanzen Wärme ab, die beispielsweise den Schnee in ihrer Umgebung abtaut (gut beim Schneeglöckchen zu beobachten), was die Steine aus sich heraus nicht können.

Der belebte Organismus ist veränderbar, hat aber eine gewisse Trägheit und Beständigkeit. Er nimmt anhaltende bzw. sehr intensive Einflüsse, denen er ausgesetzt ist, in sich auf und bildet Gewohnheiten und hält Erinnerungen fest, die sich bis ins physisch-leibliche einprägen.

Im Bereich des *Seelischen* werden die Grenzen zwischen Personen mühelos übersprungen, bestimmte Gefühle sind »ansteckend« (zum Beispiel Lachen, Stimmungen im Kino). Ist es nicht erstaunlich, dass hundert verschiedene Menschen nach einem Kinofilm alle mit feuchten Augen herauskommen?! Diese Durchlässigkeit für seelische Stimmungen ist die Grundlage aller massenpsychologischen Phänomene, wie zum Beispiel Fremdenhass, Nationalismus oder Kriegshetze. Obwohl wir uns in unserem Seelenbereich individuell fühlen, sind wir doch erstaunlich bereit, uns relativ unkritisch von Gefühlsstimmungen mitreißen zu lassen und mit anderen gefühlsmäßig zu verschmelzen (zum Beispiel bei der Verliebtheit). Aber *alle* Gefühle kommen und gehen, die guten wie die schlechten. Das Gefühl selbst will uns weismachen, dass es ewig bleibe. Nur der Verstand kann uns zeigen, dass dies eine »Illusion« ist.

Geistig ist der Raum, in dem wir uns bewegen können, praktisch unbegrenzt. Wir können blitzschnell mit unseren Gedanken überall auf der Welt sein, ohne jede räumliche Grenze. Interessanterweise tritt die Begrenztheit in der Zeit ein: Wir können nämlich nicht zwei Gedanken zur gleichen Zeit haben (so wie auf der physischen Ebene nicht zwei

Körper am selben Ort sein können). Auf dieses Phänomen werden wir im zweiten Teil des Buches zurückkommen, da es uns ermöglicht, auf unsere Gefühlsleben Einfluss zu nehmen. Dies führt uns zu einer zweiten Perspektive, zur Dimension der Zeit.

Was bleibt von uns, wenn die Zeit vergeht? Der Leib zerfällt nach dem Tod, die Lebenskraft der Jugend lässt spätestens ab Mitte 30 nach, auch wenn wir uns noch so fit halten. Auch die Stimmungen wechseln rasch, seelisch begründete Freundschaften verblassen, Verliebtheit vergeht. Auf der anderen Seite bleiben uns geistige Erkenntnisse erhalten, ebenso wie Freundschaften, die auf ein wirkliches Erkennen und Annehmen des anderen, so wie er ist, gebaut sind. Und was wir aus geistiger oder künstlerischer Kraft schöpfen, kann über unseren Tod hinaus erhalten bleiben, wie das Werk vieler Denker und Künstler beweist. Auch da, wo wir nicht aus egoistischen, sondern aus überpersönlichen Motiven handeln und unser Leben in den Dienst einer höheren Sache stellen, können die Taten über unser Leben hinaus wirken (Märtyrer, Revolutionäre, Helden).

Dies alles soll verdeutlichen, dass die körperliche Ebene mit Belastungen durch Nahrung, Umweltgifte oder Krankheitserreger nur *einen* Aspekt der Krankheitsursachen erfasst. Die Seelen- oder Gedankenhygiene darf demgegenüber nicht vernachlässigt werden. Entsprechend ist seit dem Altertum die Bedeutung seelisch-geistiger Übungen (Exerzitien) bekannt. Es reicht nicht, wenn man nur den Körper trainiert, um sich gesund zu fühlen. Mit zunehmendem Lebensalter wird die seelisch-geistige »Fitness« immer bedeutender, die ebenfalls geübt werden muss. Als Menschen können wir die Notwendigkeit solcher Übungen einsehen und uns durch Lernen weiterentwickeln. Dies ist die Aufgabe der Erziehung in der Jugend bzw. der Selbsterziehung bei Erwachsenen. Im Gegensatz zur Dressur bei Tieren wirkt der Wille nicht von außen; hier wird der *Eigenwille* aufgerufen und gestärkt. Wir müssen Antworten geben auf das, was in der Welt geschieht. *Wir werden nicht krank an dem, was geschieht, sondern an den Antworten, die wir nicht geben können.* Das kurz Beschriebene sei nun am Beispiel von der Entstehung und der Bewältigung von Stress verdeutlicht.

Über die Entstehung von Stress

Beginnen wir mit dem in der Schulmedizin gegenwärtig verbreiteten, sogenannten bio-psycho-sozialen Modell (siehe Abb. 6 auf Seite 55). Medizinisch versteht man »Stress« als eine unspezifische Reaktion des Organismus auf einen starken Außenreiz. Auf der *biologischen Ebene* bedeutet das zunächst eine Aktivierung, die im vegetativen Nervensystem über den Sympathikus von den Sinnen her in den Organismus hinein vermittelt wird. Gleichzeitig werden anregende Hormone (Adrenalin) ins Blut ausgeschüttet und führen zu sogenannten »Bereitstellungsreaktionen«: stärkerer Herzschlag, tiefere Atmung, Schwitzen, leichtes Zittern und insgesamt ein Gefühl von innerer »Straffung«. Wir haben eingangs diesen Zustand etwas allgemeiner als »Anspannung« beschrieben – aber das klingt negativer. Historisch sind die Bereitstellungsreaktionen überlebensnotwendig gewesen, denn sie stellen die körperliche Grundlage für eine hohe Leistungsfähigkeit bereit (daher der

Name). In der Steinzeit beispielsweise war es nämlich sehr hilfreich, in Gefahrensituationen blitzartig alle Energien mobilisieren zu können, um das Leben durch Kampf oder Flucht zu retten. Grundsätzlich ist dies nichts Negatives, so lange die Anspannungsphasen durch Ruhephasen ausgeglichen werden. Nur wenn die Anspannung dauerhaft anhält, führt dies zu ungesunder Erschöpfung und zu sogenanntem »Disstress«. Damit ist negativer, ungesunder Dauerstress gemeint.

In der heutigen Zeit sind diese körperlichen Bereitstellungsreaktionen (außer in konkreten Bedrohungssituationen) wenig hilfreich. Man kann sagen, dass unsere sportlichen Aktivitäten einen gewissen Ersatz darstellen, um diese Bereitstellungsreaktionen einigermaßen vernünftig abzubauen. Im Grunde ahmen wir beim Joggen die alte Steinzeitsituation nach, als wir noch vor dem Bär davongelaufen sind und danach entspannt waren – bloß dass heute keine Bären mehr hinter den Joggern herlaufen! In unserem sozialen Alltags- bzw. im Arbeitsleben sind die Stressreaktionen jedoch keine Hilfe, manchmal sogar eher eine Belastung. Was nützt es Ihnen, wenn Sie am Arbeitsplatz bei Ärger mit Stressreaktion reagieren? Hier wäre es viel besser, gelassen zu bleiben und einen kühlen Kopf zu bewahren, anstatt sich »aufzuregen«. Dies ist einer der Gründe, in der heutigen Zeit von der Bewusstseinsseite her den Körper beim Umgang mit belastenden Situationen umzutrainieren, indem wir Bewusstseinsprozesse einsetzen, um die Emotionen zu regulieren. So ist Entspannung genauso erreichbar wie durch Joggen.

Aus *psychologischer Sicht* ist bemerkenswert, dass eine gewisse Aufmerksamkeit auf die stressauslösende Situation wichtig ist, damit es überhaupt zu Bereitstellungsreaktionen kommt: So lange sich ein Feind unbemerkt von hinten anschleicht, haben Sie zwar objektiv ein Problem, aber subjektiv noch keinen Stress. Erst wenn Sie den Feind entdecken, reagieren Sie akut mit Angst und Unruhe. Hält die Belastungssituation lange an und Sie können nichts dagegen tun, verwandelt sich die Angst in Depression. Umgekehrt wird die Stressbelastung erhöht, wenn wir uns von unwichtigen Dingen in den Bann ziehen und lähmen lassen. Stephen Covey hat auf die notwendige Unterscheidung zwischen *dringend* und *wichtig* hingewiesen. Nicht alles, was sich als dringend in unser Bewusstsein drängt, ist wirklich wichtig. Und nicht alles Wichtige ist auch dringend und muss gleich erledigt werden. Dabei kann es sich ebenso um sich aufdrängende Gedanken aus unserem Inneren wie auch um Forderungen von außen handeln. Manches mag zwar wichtig sein, aber nicht dringend, sodass man sich nicht hetzen muss, sondern eine begonnene Arbeit in Ruhe fertig machen kann. Eine bewusste, kritische Prüfung verbunden mit einer gesunden Fähigkeit, sich nach innen und außen angemessen abzugrenzen, hilft, die erlebte Stressbelastung zu reduzieren.

Unter *sozialen Aspekten* ist es wichtig, dass wir die Stresssituation als bedrohlich erleben bzw. bewerten. In einer Sportsituation erleben wir die Bereitstellungsreaktion als ganz normal. Wenn aber dieselben Reaktionen ohne erkennbaren Grund auftreten, weil wir uns der Auslösesituation beispielsweise nicht bewusst sind, werden sie als bedrohlich erlebt und können zu Panikanfällen führen. Wenn ein äußerer Reiz als bedrohlich eingeschätzt wird, reagieren wir mit Kampf- oder Fluchtverhalten. Wenn wir die Situation nicht lösen können, führt die Daueranspannung langfristig zu Störungen, Inaktivität und zum Rückzug. Immer dann, wenn wir Stress als lähmend und als negatives Schicksal erleben, dem wir nicht entrinnen können, wirkt er krankmachend.

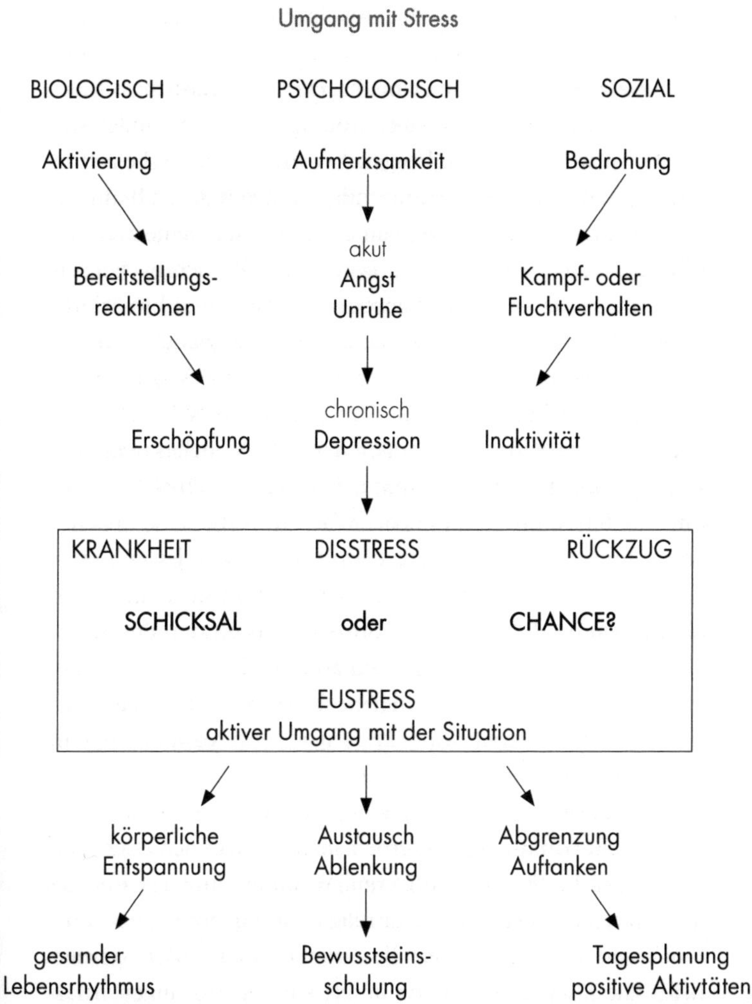
Umgang mit Stress
BIOLOGISCH
PSYCHOLOGISCH
SOZIAL
Aktivierung
Aufmerksamkeit
Bedrohung
Bereitstellungs-reaktionen
akut
Angst
Unruhe
Kampf- oder Fluchtverhalten
Erschöpfung
chronisch
Depression
Inaktivität
KRANKHEIT
DISSTRESS
RÜCKZUG
SCHICKSAL
oder
CHANCE?
EUSTRESS
aktiver Umgang mit der Situation
körperliche Entspannung
Austausch
Ablenkung
Abgrenzung
Auftanken
gesunder Lebensrhythmus
Bewusstseins-schulung
Tagesplanung
positive Aktivtäten

Abb. 6

Frei nach Nietzsche kann man sagen: »Der Mensch kann jedes Schicksal ertragen, wenn er darin einen Sinn sieht.« So betrachtet ist es hilfreich, stressende Situationen als Chance bzw. Herausforderung zu erleben, neue Fähigkeiten zu entwickeln. Das ist durchaus nicht zynisch gemeint! Viele Manager beweisen, dass man mit einem sehr hohen Ausmaß an Stress gut leben kann, wenn man die Situation bejaht oder sogar will. Das meint, einen hohen Kohärenzsinn zu haben. In diesem Sinne ist eine gewisse Annahme der Situation sehr wichtig, um sich nicht nur als Opfer zu fühlen.

Es ist wichtig, nicht unrealistischen Idealen nachzuhängen, sondern sich darauf zu besinnen, was man konkret tun kann, um die Situation wenigstens etwas zu verbessern. Für die Stimmung macht das einen großen Unterschied. Es geht Menschen einfach besser, die ihre Situation annehmen, als denen, die anhaltend damit hadern, ohne daraus Konsequenzen zu ziehen! Das Anerkennen der Situation ist die Voraussetzung, gezielt an Verbesserungen zu arbeiten. Ein Leben ohne Stress ist unrealistisch und wäre auch gar nicht gesund (wie im nächsten Kapitel beschrieben). Es ist daher besser, statt Stress zu vermeiden, für einen angemessenen Ausgleich zu sorgen.

Auf der *körperlichen Ebene* bedeutet dies, den Stress bei der Arbeit durch Sport oder entspannende Tätigkeiten gezielt auszugleichen. Das muss nicht durch ausagierende Tätigkeiten, sondern kann auch durch Entspannungstraining geschehen, indem wir aus dem Bewusstsein heraus der emotionalen Ebene »sagen«, dass kein Grund für Anspannung besteht und wir vom Kopf bzw. der Ich-Funktion her auf Entspannung »umschalten«.

Auch Entspannung verlangt regelmäßiges Training, wenn man sie in Stresssituationen effektiv einsetzen will. Wie das gehen kann, wird im zweiten Teil des Buches beschrieben.

Es ist einfach unrealistisch, wenn Menschen ohne vorheriges Üben erwarten, in Belastungssituationen Entspannungstraining einfach zu können. Man übt ja Schwimmen auch erst in flachem Wasser! Ebenso problematisch ist es, wenn wir die Entspannung auf »später« aufschieben, zum Beispiel auf das Wochenende, den Urlaub oder gar den Ruhestand. Es ist gesünder, jeden Tag für kurze Entspannungsmomente zu sorgen und diese gezielt einzuplanen. Dazu können die kleinen Zwangspausen am Tag dienen, wenn wir auf den Bus, den Aufzug oder die grüne Ampel warten. Hat man sich eine Entspannungshaltung (z.B. durch den sogenannten »Body-Scan« aus der Meditationsanleitung im Anhang) »antrainiert«, ist diese schnell abrufbar und baut auch in Minipausen Spannung ab. Das ist besser, als den ganzen Tag angespannt zu bleiben und abends eine Stunde zu joggen. Wenn wir angespannt sind, brauchen wir Entspannung *gleich,* nicht später!

Im *Seelischen* entlastet es uns, wenn wir uns mit anderen Menschen über unsere Probleme austauschen, unsere Belastungen »mit-teilen«. Auch die bewusste Beschäftigung mit anderen, angenehmen Inhalten senkt sofort das Aktivierungsniveau und wirkt damit entstressend. Die dauernde gedankliche Beschäftigung mit Belastungen zieht uns dagegen immer weiter hinunter und ändert nichts.

Im *Sozialen* müssen wir lernen, uns von belastenden Situationen abzugrenzen, denen wir uns nicht unbedingt aussetzen müssen. Wie viele von uns lassen sich auch außerhalb der Arbeit immer wieder auf unangenehme und belastende Situationen ein (z.B. in der Familie) und haben nicht den Mut, hier z. B. aus Angst vor negativen Reaktionen *Nein* zu sagen. Dabei finden sich die anderen meist rasch damit ab, dass wir nicht mehr mitspielen, und suchen sich andere »Opfer«.

Wir brauchen in unserer Freizeit nicht noch weitere Belastungen, sondern Inseln, wo wir uns wohl fühlen und auftanken können. Und wir haben das Recht dazu, uns diese zu schaffen und sie immer wieder aufzusuchen. Gerade dazu ist es wichtig, in der Tagesplanung auf eine gute »Hygiene« im körperlichen, seelischen und geistigen Bereich zu achten. So hilft ein gutes Selbstmanagement auch beim gesunden Umgang mit Stress.

Unser Seelenleben

Mit Seelenleben ist hier alles gemeint, was wir in uns erleben können, also unser Denken, Fühlen und Wollen. »Wollen« bedeutet in diesem Sinne nicht, was wir gerne tun *würden* (das sind nämlich Vorstellungen in unserem Denken), sondern die tatsächlichen Handlungsimpulse. Und diese sind oft unterbewusst. Daher ist »Seelenleben« nicht mit »Bewusstsein« gleichzusetzen.

Man kann die Seele als eine Bühne charakterisieren, auf der alle möglichen Gedanken, Gefühle und Impulse wie Schauspieler auftreten wollen, um ihre Botschaft in den Raum zu sprechen. Dadurch entstehen die wechselnden Seelenstimmungen. Es ist die Aufgabe des Regisseurs, zu entscheiden, welches Stück gespielt wird. Er lässt bestimmte Schauspieler sprechen, andere schickt er von der Bühne. Der *Regisseur* in unserer Seele ist Ausdruck der *Ich-Tätigkeit* bzw. *Ich-Funktion.* Mittels unserer bewussten Denkkraft können wir entscheiden, welche Gedanken wir denken und welche wir *nicht* denken wollen. Es liegt in unserer Macht, ob wir unsere Gedanken zum »Handlanger« der Seelenstimmungen machen oder ob wir sie bewusst führen. Prinzipiell haben wir von unserer Konstitution her die Möglichkeit dazu.

Der vernunftorientierten, objektiven Haltung des ichhaften Regisseurs stehen verschiedene Impulse entgegen: Von *innen* machen sich lustorientiert-leibliche Bedürfnisse geltend, von *außen* werden durch Sinnesreize bestimmte Bedürfnisse geweckt, was beispielsweise die Werbung und die Politik gezielt ausnutzen (siehe Abb. 7).

Auf der linken Seite sind die Einflüsse auf unsere Seele beschrieben: spontane Gedanken oder Erinnerungen, von außen durch Sinnesreize vermittelte und von innen aus dem Leib auftauchende Bedürfnisse. Diese Auslöser aktivieren in uns vorbereitete seelische Muster, die wir durch unsere früheren Erlebnisse in uns angelegt haben. Unser Bewusstseinspol in uns kann bzw. muss nun entscheiden, ob wir diese Muster in uns zulassen (d.h. uns diesem Gefühl hingeben) wollen oder ob er eingreift und die Aufmerksamkeit ablenkt auf andere Inhalte und dadurch andere Muster aktiviert (rechte Seite). Unser Seelenraum selbst steht also in einem Spannungsfeld zwischen dem rational-objektiven *Ich-Pol* in uns und dem subjektiv-lustorientieren, gewohnheitsmäßig handelnden *Tier-Pol.* Wenn sie auch unterschiedliche Interessensrichtungen haben können, bilden beide Pole in uns eine Einheit, so wie *Reiter* und *Pferd.* Unsere Aufgabe ist es, beide Tendenzen in einen gesunden Ausgleich zu bringen. Einseitigkeiten führen auf Dauer in Krankheitszustände.

Mit dem unteren Pol, den man auch als *Seins-Pol* beschreiben kann, sind wir mit den Lebenskräften verbunden, die vom Leiblichen her in die Seele hineinwirken. Hier erleben wir Gefühle von Lust, Lebensfreude, Kreativität, Mut oder Tatkraft (aber auch Angst, Schmerz, Gier, Hass usw.). Aus dieser Ebene heraus sind wir geneigt, spontan bzw. schematisch zu handeln.

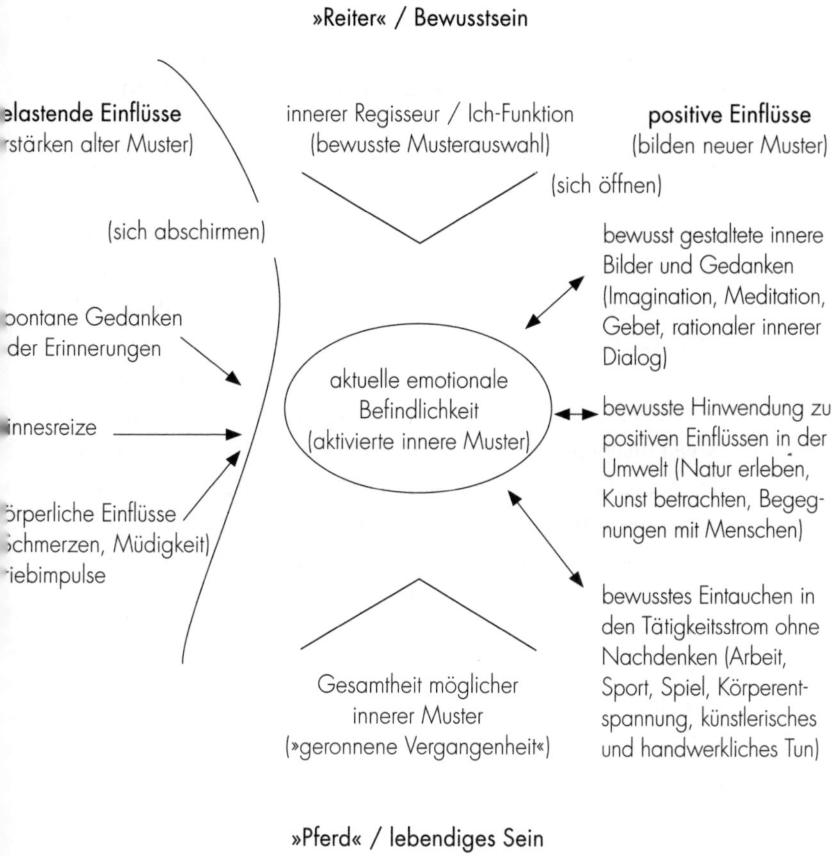

Abb. 7

Der *Bewusstseins-Pol* ermöglicht es uns, auf neue Impulse in unserem Leben flexibel zu reagieren, unsere langfristigen Ziele und Werte im Auge zu behalten – das Ganze zu sehen. Unsere Werte sind wie ein Kompass, der uns auf Sinnhaftes auszurichten vermag. Das Wort »Sinn« kommt vom indogermanischen »sent«, was »gehen, reisen, fahren« und ursprünglicher noch »eine Richtung nehmen, eine Fährte suchen« bedeutet. Diese wertebezogenen Ausrichtung vermittelt Orientierung und Sicherheit, indem neben kurzfristigem Genuss auch langfristige Vorteile in Entscheidungen einbezogen werden. Sie ermöglicht uns auch, unsere eigenen Bedürfnisse zurückzustellen und höhere Formen der Freude zu entwickeln, zum Beispiel Kinder groß werden zu sehen. Für eine gute Mischung von Genuss und Weitsicht müssen beide Pole ausgewogen zusammenwirken.

Bei Angsterkrankungen z.B. werden durch bedrohlich erlebte Außenreize (z.B. bei situativen Ängsten, sog. Phobien) oder Angst machende Körpergefühle (bei Panikanfällen) ängstigende innere Gefühle, Bilder oder Gedanken ausgelöst, die nicht durch vernünftig-geistvolle Gedanken geordnet und geformt werden können. Um diese Gefühle zügeln zu können, muss als »inneres Gegengewicht« zu dem Angsterleben eine bewusste, ordnende Gedankenführung auf dieses emotional aufgewühlte Seelenleben einwirken. Eine ausführliche Darstellung dieser störungsspezifischen Zusammenhänge und Behandlungsmöglichkeiten finden Sie in meinem Buch *Wege aus der Angst*.

Die Bedeutung einer bewussten Gedankenführung

Wer oder was denkt eigentlich in uns? Um diese eigenartig anmutende Frage wirklich zu beurteilen, muss man den Gedanken*inhalt* von der Denk*kraft*, die die einzelnen Gedanken verknüpft, *unterscheiden*.

Gedanken sind – ebenso wie Gefühle oder Willensimpulse – Inhalte des Seelenlebens. Wir haben ihr Entstehen nicht unbedingt im Griff. Sie können spontan, durch Außenreize oder Erinnerungen ausgelöst auftreten. In diesen Fällen haben wir die Gedanken nicht bewusst selbst hervorgebracht. Genau genommen haben wir »denken lassen«. Die Frage ist: Was fangen wir mit diesen spontan auftretenden Seeleninhalten an, wie antworten wir darauf, wer ist »Herr« in unserer Seele? Diese spontanen, gefühlsbetonten Seeleninhalte sind durchaus wichtig. Sie bringen uns in Verbindung mit der Welt um uns bzw. mit unseren Erinnerungen und mit unserem körperlichen Leben, das sich in Wechselwirkung mit der Welt ausgebildet hat. Und sie bringen uns darüber hinaus in Kontakt mit neuen Intuitionen.

Woher kommen Intuitionen?

Diese Frage ist aktuell in das Interesse der Forschung gerückt, denn es wurde festgestellt, dass Menschen ohne Einsatz ihres bewussten Denkens schneller und oft auch richtiger entscheiden. Julius Kuhl zufolge tauchen Intuitionen aus den früher gebildeten und in unbewussten Gedächtnisbereichen abgespeicherten Erfahrungen auf. Sie sind in diesem Sinne nicht wirklich neu, sondern bereits Teil unseres Selbst. Genau genommen handelt es sich dabei aber um unbewusst gebildete Assoziationen, also um neue Verknüpfungen zwischen etwas vorher bereits Angelegtem. Wie kommt dann Neues in unser Leben? Sind Kreativität in Technik und Kunst nur Ergebnis neuer Kombinationen in einem festgelegten Rahmen, wie es die »Deterministen« unter den Forschern behaupten?

Im anthroposophischen Sinne wirkt durch die Intuitionen unser sogenannten »höheren Ich« als geistiges Wesen aus dem Umkreis durch die Stoffwechselprozesse in uns hinein. Es ist ein Teil des »Dritten«, das Viktor E. Frankl neben Genetik und Umwelteinflüssen als im Menschen wirkende Kraft beschrieb.

Wenn man dieses Dritte, Geistige einbezieht, bekommen Intuitionen als Brücke zu dieser überpersönlich-geistigen Ebene eine weitergehende Bedeutung: Eine Erfindung oder ein Kunstwerk wäre dann gedanklich, als Möglichkeit vor seiner »Verwirklichung« bereits vorhanden. Alles wäre Teil des Logos, alles wäre (religiös gesprochen) »in Gott«. Da nichts außerhalb von Gott sein kann, wäre in Gott alles gegeben, also in einem weiten Sinne determiniert. Eine Erfindung oder ein Kunstwerk würde das »Mögliche« dann nur zu einem »Wirklichen« machen, also realisieren. Alle Menschen haben Äpfel vom Baum fallen sehen, Newton hat das darin wirkende Gesetz geistig erfasst und ausgesprochen. Aber gewirkt hat das Gesetz vorher auch schon. Jeder hätte die Melodien von Mozart singen können, aber *er* hat sie aufgeschrieben! Intuition und Assoziation unterscheiden sich dann dadurch, dass *Intuitionen* zum ersten Mal in unserem Bewusstsein aufleuchten, während wir mit den Inhalten der *Assoziationen* bereits – mehr oder weniger bewusst – in Kontakt waren.

Wenn wir uns rückwirkend prüfen, auf welcher Grundlage wir wesentliche Entscheidungen in unserem Leben gefällt haben (z.B. die Berufs- oder Partnerwahl), werden wir feststellen, dass dabei Intuitionen eine bedeutende Rolle gespielt haben. Auch die aktuelle neurobiologische Forschung bestätigt, dass in unseren Entscheidungen in erheblichem Ausmaß unbewusste Einflüsse eine große Rolle spielen. Das Problem dabei ist, dass wir die Natur dessen, was hinter diesen Impulsen steckt, nicht so einfach durchschauen können: Steckt hinter dem Gefühl tatsächlich eine Intuition und damit das »höhere Ich« oder einfach nur nicht bewusst erinnerte, frühere Erfahrungen, Prägungen bzw. Körperprozesse, die mich zu der Handlung tendieren lassen? Solche unbewussten Einprägungen macht sich die Werbepsychologie inzwischen sehr erfolgreich zunutze. So kaufen Menschen »intuitiv« bevorzugt ein Waschmittel, dessen Namen sie vorher gehört hatten.

Das Gefühl selbst hilft uns bei dieser Prüfung bzw. Entscheidung nicht weiter. Alle Gefühle erscheinen intensiv, berechtigt, ausschließlich und von Dauer. Die Gefühle tun so, als ob sie die Wirklichkeit abbilden würden. Erst der distanziert-prüfende Blick auf die Gefühle kann die Täuschung offenbaren. Gefühle sind nur Gefühle, sie kommen und gehen. Andere Bewusstseinsinhalte rufen andere Gefühle auf. Gefühle sind grundsätzlich austausch- bzw. lenkbar und keineswegs absolut. Wir haben dagegen die Tendenz, Gefühle und daran hängende Gedanken für ein getreues inneres Abbild einer äußeren Realität zu halten. Dabei schafft ein gefühlsgesteuertes, nicht selten unkritisches bzw. unlogisches Denken erst diese innere Realität, die wir dann für die tatsächliche Welt halten.

Denken schafft Wirklichkeit

Ein Blick auf die »wirklichkeitsschaffende« Kraft der Medien, insbesondere des Fernsehens, aber auch der Werbung, soll das zuvor Angedeutete nun verdeutlichen: Durch Fernsehen und

Werbung werden in uns Erlebnisse hervorgerufen, die wir für ein reales Bild der Wirklichkeit halten. Wenn wir dauernd von Raubüberfällen lesen oder hören, schätzen wir die Welt tatsächlich als gefährlich ein. Entsprechend bekommen wir Angst und handeln danach, vertrauen zum Beispiel fremden Menschen immer weniger. Das hat erhebliche Konsequenzen für unser soziales Zusammenleben. Diese Angst wirkt auf uns objektiv berechtigt, ist aber eine willkürlich geschaffene subjektive Wirklichkeit.

Wenn pubertierende Mädchen in Werbung und Fernsehen nur noch (objektiv) untergewichtige Frauen als »normal« bzw. vorbildlich vorgeführt bekommen, orientieren sie sich nicht selten an dieser künstlich geschaffenen Realität und wollen auch entsprechend dünn sein. So trainieren wir uns eine falsche Weltsicht als »wahr« an und verlieren das Vertrauen in uns selbst, zu anderen Menschen bzw. zum eigenen Körper. Wir werden uns selbst entfremdet, verlieren den Bezug zur inneren und äußeren Realität. Es soll heute tatsächlich schon Kinder geben, die überzeugt sind, Kühe seien lila!

Um besser für unsere seelische Gesundheit sorgen zu können, müssen wir auf diese unbewusst ablaufenden seelischen Gestaltungen bewusst einen fürsorglich-regulierenden Einfluss nehmen und trennen lernen, welchen Bildern und Gefühlen wir vertrauen wollen und welchen nicht. Dieser Blickwinkel mag etwas ungewohnt sein. Weil diese Zusammenhänge für uns aber eine so große Bedeutung haben, sollen sie nachfolgend ausführlicher dargestellt werden. Wir werden insbesondere im zweiten Teil des Buches genauer darauf eingehen, wie man Gefühle gedanklich prüfen und wie zwischen gefühlsmäßig-körperlich orientierten kurzfristigen Zielen und langfristig tragfähigen Werten vermittelt werden kann.

Weder Assoziationen noch Intuitionen sollten wir also blind folgen, sondern mit Verstand *und* Gefühl prüfen, »was des Pudels Kern ist«, wie es in Goethes *Faust* heißt, was also hinter einem spontanen Impuls steckt. Diese Prüfung spaltet nicht zwischen Gefühl und Gedanke, sondern versucht eine Verbindung zwischen beiden herzustellen im Sinne eines innerlich abwägenden Hin-und-her-Gehens. Die helfende Frage lautet dann: *Wohin wird mich diese Intuition vermutlich führen?* Sie lautet nicht: Wo kommt sie her?

Bei allem Bemühen müssen wir aber damit leben, dass wir uns bei jeder »Entscheidung unter Risiko« irren können. Die Angst, einen Fehler zu machen darf keinesfalls dazu führen, sich gar nicht zu entscheiden bzw. kein Risiko einzugehen. Wer nichts wagt, der nichts gewinnt. Wir müssen aber nach der Entscheidung weiter achtsam auf die Folgen schauen und notfalls bereit sein, einen Fehler nachträglich offen und ehrlich zu erkennen, zuzugeben und eine neue Entscheidung zu treffen. Eventuell auch um Verzeihung bitten und versuchen, aus den Erfahrungen zu lernen. Dazu ein Gedicht von Friedrich Benesch:

Denn die wirkliche Wahrheit
Ist nicht die Wahrheit,
Sondern der überwundene Irrtum.
Und die wahre Wirklichkeit
Ist nicht die Wirklichkeit,
Sondern die überwundene Illusion.

Und die wirkliche Reinheit
Ist nicht die ursprüngliche Reinheit,
Sondern die überwundene Unreinheit.

Und das wahrhaftige Gute
Ist nicht das ursprüngliche Gute,
Sondern das überwundene Böse.

Erlebnisse müssen gedanklich verdaut werden

Machen wir uns klar: Der Mensch ist nicht von Natur aus gut. Man könnte fast umgekehrt sagen: Dadurch, dass er allen möglichen Einflüssen ausgesetzt ist, können diese Einflüsse auch in ihn hineinwirken, später als Gefühlsimpuls wieder in ihm aufsteigen und entsprechende Gedanken und Handlungsimpulse nach sich ziehen. Aus der Ichhaft-selbstreflexiven Perspektive sind in diesen Fällen ich-fremde Kräfte bestimmend in der Seele und die Gedankengänge passen sich den Seelenformen an. Diese Kräfte treten in unserem Seelenleben immer dann besonders mächtig auf, wenn die Erlebnisse zuvor nicht richtig bewusst »verdaut« wurden. Hier zeigt sich eine interessante Parallele zwischen der leiblichen Verdauung und den Wahrnehmungsprozessen, bei denen wir auch etwas von außen Kommendes seelisch bzw. gedanklich bearbeiten müssen, bevor wir es in uns aufnehmen, in unseren Seelen- bzw. Gedankenorganismus eingliedern, verstehen und uns merken können. Diese Verdauung geschieht, wenn wir Erlebtes *bewusst* gedanklich begleiten und dadurch verstehend ordnen. Gelingt uns das nicht, fühlen wir uns überfordert, »abgefüllt«, wollen uns zurückziehen oder abwenden

– manchem wird sogar körperlich übel, wenn er von zu starken Reizen überflutet wird.

Wenn seelische Erlebnisse so stark sind, dass sie trotzdem unbearbeitet in uns eindringen, bleiben sie als »unverdaute Brocken im Seelenmagen« liegen und können uns bei bestimmten Gelegenheiten wieder »aufstoßen«. Das heißt, es treten in uns Empfindungen, Gedanken oder Verhaltensweisen auf, die wir selbst nicht wollen, vielleicht sogar gar nicht verstehen, warum wir uns so fühlen oder so handeln. Es ist, als ob etwas Fremdes aus unserer Seele heraus wirkt. Paracelsus spricht hier von »seelischen Parasiten«.

Diese unbewussten und dadurch unverdauten Formungen in unserer Seele können uns sehr stark bestimmen, wenn sie in entsprechenden Auslösesituationen oder spontan wieder auftauchen, zum Beispiel als Angstgefühle oder Suchtimpulse. Dieses Gefühlserleben bildet dann die zu ihm passenden Gedanken. Diese Gedanken sind gewissermaßen die »Handlanger« der alten, unverdauten seelischen Bedürfnisse.

Diese Seelenformen können ein Eigenleben entwickeln und immer »automatischer« auftreten, was bei den meisten seelischen Erkrankungen der Fall ist. Dadurch wirken sie zunehmend mächtiger und »wirklicher«. Aus dem spontan auftretenden Gedanken: »Oh, dieser Aufzug könnte abstürzen!«, wird durch die Überbewertung des nachfolgend einsetzenden Angstgefühls erst ein reales Gefahrenerlebnis »konstruiert«. Aus einem normalen, leichten Unbehagen wird durch diesen Aufschaukelungsprozess eine aufgebauschte, ungezügelte Gestalt im Seelenleben. Das Pferd führt den Reiter.

Wenn wir diese Gedankenformen häufig denken, fühlen wir uns immer ohnmächtiger, dabei haben wir sie aus unseren nicht bewusst geführten Denkgewohnheiten selbst geschaffen. Im Märchen *Der Schatten* hat Hans Christian Andersen das sehr anschaulich beschrieben.

Eine der Aufgaben bei der Selbstentwicklung ist daher, mit dem reflektierenden Denken dieses unbewusste »Seelendickicht« durch bewusstes Nachverdauen (um nicht »Wiederkäuen« zu sagen) zu lichten, damit nicht immer wieder Einflüsse aus der Vergangenheit unser gegenwärtiges (Er-)Leben bestimmen.

Natürlich können aus dem »Bauch« auch hilfreiche Intuitionen kommen, aber ohne – zumindest kurze – gedankliche Prüfung haben wir keinerlei Gewissheit, was hinter diesen »Bauchgefühlen« steckt, denn von der Qualität des Erscheinens her unterscheiden sich Intuitionen und Assoziationen nicht! Leider sind wir nur allzu gerne bereit, unsere intuitiven Entscheidungen nachträglich mit scheinbar vernünftig klingenden Begründungen zu rechtfertigen. Die neuere Forschung (z.B. die in Wissenschaftskreisen bekannten und häufig als »Beweis« für die nur scheinbare Willensfreiheit zitierten Experimente von Benjamin Libet) zeigt, dass wir manche Entscheidungen treffen, bevor wir es bewusst bemerken. In vielen Fällen ist daher unsere subjektiv bewusst getroffene Entscheidung vorher unbewusst bereits gefallen und damit scheinbar nicht frei gewählt gewesen, auch wenn wir das subjektiv anders erleben. In diesem Sinne hätte ebenfalls das Pferd den Reiter geführt und der Reiter hätte nur gedacht, dass er dahin wolle, wo in Wirklichkeit das Pferd hinwollte.

Die genaue Anweisung Libets lautete allerdings: »Let the urge to act appear on it's own.« – »Lassen Sie den Impuls zur Handlung von selbst in Ihnen aufsteigen.« Das ist etwas anderes als eine zielgerichtete Handlung!

Tatsächlich lässt sich die zumindest teilweise vorhandene Willensfreiheit besser in Situationen nachweisen, in denen einem reflexartig ausgelösten Handlungsimpuls *nicht* gefolgt wird, oder in Situationen, in denen wir *abwägend* eine Wahl treffen müssen. Beim Aufschub bzw. in Wahlsituationen ringen verschiedene Impulse in uns und gerade da entstehen »Spielräume«.

Wir stehen also in einem Spannungsfeld von determinierten körperlichen Prozessen bzw. Impulsen und einer gewissen Wahlmöglichkeit im gedanklichen Bereich, die aber zunächst auf die gegebenen Körperprozesse bei der Realisierung der Intentionen zurückgreifen muss bzw. diese zwar hemmen, aber nicht ohne weiteres selbst hervorbringen kann. Wie im zweiten Teil dargestellt, können wir aus einer bewusst geführten Denktätigkeit heraus aber auch neue Gedanken- und Gefühlsformen bilden (z.B. in der Meditation), die dann auf die Körperprozesse gestaltend zurückwirken.

Aus anthroposophisch-geisteswissenschaftlicher Perspektive kann man die Ergebnisse Libets noch anders interpretieren: Auf der Ebene, auf der uns in der Gehirnrinde der Bewegungsimpuls bewusst wird, ist er möglicherweise gar nicht entstanden. Dort ist zwar die Gehirnaktivität bei bewusst-reflexiven Denktätigkeiten nachweisbar, dort wird der Willensimpuls »festgestellt«. Die Initiative, der Willensimpuls selbst, entsteht aber aus der Kräftenatur des Ich auf der Ebene der Stoffwechseltätigkeit, *bevor* er von unserem reflexiven Bewusstsein erfasst wird. So gesehen hätte Libet Recht: Unser höheres Ich kann möglicherweise eine Handlung initiieren, bevor das unserem reflektierendem Ich bewusst wird. Hat Libet die Auswirkungen dieses handlungsvorbereitenden Ichs als Bereitschaftspotential in der motorischen Hirnrinde nachgewiesen, die auftreten, bevor das reflexive Ich-Bewußtsein das bemerkt? Die spannende Frage lautet dann: In welchem Zusammenhang stehen dann die beiden Aspekte des »Ichs« und wie kann man das Zusammenwirken verstehen und verbessern? Die anthroposophische Sicht beschreibt, dass das höhere Ich nicht im Gehirn »sitzt«, sondern sich aus dem Geistigen kommend des Gehirns bedient, um sich dort seiner selbst bewusst zu werden und seine Ziele zu verwirklichen, so wie ein Musiker sich seines Instruments bedient. Nur dass sich beim Menschen das Ich durch seine Betätigung das Instrument selbst weiter aufbaut, denn das Gehirn entwickelt sich so, wie es benutzt wird: Taxifahrer haben beispielsweise einen größeren Hippocampus als andere Menschen, weil der für die räumliche Orientierung gebraucht wird, Musiker entsprechend größere Bereiche zur Verarbeitung von Tönen. Diese Veränderungen gehen übrigens recht schnell: Schon drei Wochen Jonglieren reichen aus, um die motorische Hirnrinde nachweisbar zu vergrößern!

Ebenso kann durch ein Training besonders der Stirnhirnrinde der bewusste Einfluss auf die Musterauswahl und die Handlungssteuerung verbessert werden. Dadurch können wir aus dem Möglichkeitsraum menschlichen Verhaltens heraus durch unser Ich im Sinne der praktischen Willensfreiheit neues Verhalten verwirklichen. Kurz gesagt: Wir können uns durch innere Übung aus unseren Vorprägungen lösen, können uns verändern, weiterentwickeln und unseren Idealen annähern. In diese Entscheidungsprozesse können wir auch neue, intuitive Impulse einbeziehen, die aus dem »Geistig-Überbewussten«, wie Georg Kühlewind es nennt, in die Stoffwechselkräfte hineinwirken und neben den alten Einprägungen in uns auftauchen. Unserem wahrnehmenden Bewusstsein, das diese inneren Bewegungen »feststellt« und dadurch erst bewusst macht, erscheinen aber neue Intuition und alte Assoziation in gleicher Weise.

Eine Pause einschieben zwischen Wahrnehmen und Handeln

Wenn wir die unterstellte, zumindest teilweise vorhandene, praktische Willensfreiheit nutzen wollen, dürfen wir daher nicht spontan-intuitiv entscheiden, denn in den Stoffwechselkräften setzten eben nicht nur die ichhaften, sondern auch die nicht-ichhaften Impulse an. Wir müssen eine gedankliche Prüfung dazwischenschieben, um das eine vom anderen unterscheiden zu können – bzw. um das zumindest zu versuchen. Wir müssen Achtsamkeit bzw. Geistesgegenwart üben und zwischen Wahrnehmung und Handlung eine kurze Besinnungspause einlegen. Diese Pause ermöglicht uns ein Abwägen bzw. ein Abstimmen zwischen »Kopf« und »Bauch«. Die »Bauchgefühle« sind überwiegend körpervermittelt und damit vorgeprägt und haben einen zwingenden Charakter: Jedes Gefühl will uns weismachen, dass es richtig ist und ewig anhält! Auf der gedanklichen Ebene sind wir beweglicher und damit freier. Andererseits ist auf der Gedankenebene (fast) alles denkbar! Die Gedankenbildung kann durch seelische Einflüsse verzerrt werden und zum Irrtum führen. Sie kann sich auch verselbstständigen und zum Beispiel zu Zwangs-, Befürchtungs- oder depressiven Grübelgedanken führen. Wir müssen daher im Denken eine prüfende, ichhafte Haltung aufbauen, die die Gedankeninhalte möglichst ohne emotionale Färbung prüft und hilft, sie auch wieder loslassen bzw. vergessen zu können. Diese Haltung zu entwickeln ist *der* zentrale Schritt zur Selbsterkenntnis und Selbstentwicklung, wie es im gleichnamigen Buch von Wolf-Ulrich Klünker beschrieben wird. Nur auf der Ebene dieses ich-geführten Denkens können wir versuchen, die Natur der Gedanken und Gefühle zu durchschauen. Wir müssen einen Sinn dafür entwickeln, wie sich in uns aufsteigende, echte, zukunftsweisende Intuitionen anfühlen, um sie von den anderen Gefühlen und Willensimpulsen unterscheiden zu können. Das ist gar nicht so einfach. Wie dies gelingen kann, wird im Kapitel »Bedeutung der Achtsamkeit« ab Seite 99 beschrieben.

Tendenziell kann uns der Blick über den »zeitlichen Tellerrand« helfen, indem wir gedanklich vorausschauen, was aus dem Impuls längerfristig werden könnte und ob das im Sinne unserer Werte ist. Leider schafft diese Prüfung keine Gewissheit, was hinter dem Gefühlsimpuls steckt bzw. ob es sich wirklich um eine Intuition handelt, die unserem Leben im Sinne des höheren Ichs einen neuen Impuls geben möchte.

Wenn das zu erwartende Ziel im Einklang mit unseren Werten steht, mag der Inhalt vielleicht überraschend sein, aber langfristig sinnvoll. Intuitionen sind nicht immer angenehm! Die Bauchgefühle ziehen uns dagegen eher in die gewohnten Bahnen und nicht in die Richtung des ungewohnten Neuen. Auch hier hilft der gedankliche Blick auf das langfristig Richtige, die Gefühlsseite zum »Mitmachen« zu bewegen, indem wir uns innerlich Mut zur Veränderung zusprechen.

Wenn wir dennoch nach zumindest kurzer Prüfung geneigt sind, dem Bauchgefühl zu folgen, dürfen wir das durchaus tun, sollten aber im weiteren Verlauf sorgfältig mit gedanklich klarem Blick auf die Konsequenzen bzw. die tatsächlich eintretenden Gefühle achten und bereit sein, die Entscheidung ggf. zu korrigieren. Man kann sich ja irren, bei Bauchentscheidungen genauso wie bei Kopfentscheidungen. Wenn es uns gelingt, in die halbbewusst-spontanen Prozesse mehr Bewusstheit hinein zu bringen, steigt die Chance, dass wir uns im Sinne unserer langfristigen Werte und Ziele entscheiden. Und diese werden eben *nicht* vom Bauch vermittelt.

Dieser Prozess des Bewusstmachens lässt sich auch mit neurobiologischen Begriffen beschreiben: In den tiefer gelegenen Regionen des Gehirns werden auf emotionaler Grundlage die spontanen Reaktionen und Handlungsentwürfe vorbereitet. Sie können aber mit Hilfe der bewussten Denkprozesse in der höher gelegenen Hirnrinde, besonders dem Stirnhirn, gehemmt werden. Die Impulse und die Kreativität kommen also von »unten«, die Auswahl bzw. die Kontrolle oder Hemmung kommt von »oben«. Intuition und Assoziation sind konkurrierende, aufsteigende Aktivierungsmuster, die von der im Bewusstsein wirkenden Ich-Funktion geprüft und ausgewählt werden müssen. Das Ich wirkt also in uns in zweifacher Weise: Als »Höheres Ich« impulsierend-belebend in den aus dem Stoffwechsel über das Gefühl aufsteigenden Intuitionsprozessen und als prüfend-feststellende »Ich-Funktion« in den bewussten Gedankenbildungen. Im reflexiven »Ich-Bewusstsein« können wir uns eine Vorstellung von unserem »Höheren Ich« und seinen Werten und Zielen bilden; in der Meditation können wir ein »Ich-Erlebnis« haben. Mit der »Ich-Funktion« können wir versuchen, unser Seelenleben bewusst nach diesen Werten und Zielen umzugestalten. Wichtig ist: die beiden Ich-Ströme müssen sich durchdringen! Das braucht Kraft und Übung.

Das Denken muss aktiver ergriffen werden

Es ist für eine entwicklungsorientierte Einstellung zum Leben von äußerster Wichtigkeit, dass wir uns nicht mit den automatischen Denk- und Fühlgewohnheiten abfinden. Damit würden wir unsere Möglichkeiten und unsere Verantwortung bei der Gestaltung unserer Biografie unterschätzen! Genauso wie wir uns von äußeren Lebenswiderständen nicht lähmen lassen müssen, dürfen wir auch nicht vor den inneren Widerständen resignieren.

Wenn wir wirklich wollen, können wir unsere Denkgewohnheiten und dadurch auch unsere Gefühle verändern. »Die Gedanken sind frei«, heißt es in einem alten Studentenlied. Aber wir müssen unser Denken viel bewusster führen und ergreifen. Wenn wir uns nicht treiben lassen – was natürlich viel leichter fällt –, können wir im Hier und Jetzt den Inhalt unseres Denkens relativ frei wählen und innerlich festhalten, zum Beispiel in Form positiver Gedanken oder Bilder. Dadurch können wir wiederum auch negative Gedanken und Bilder hemmen.

Die positiven Gedanken wirken auf unsere Stimmung und unsere vegetativen Körperfunktionen, wenn wir sie geduldig längere Zeit aufrechterhalten und stark machen. So schaffen wir eine neue innere Wirklichkeit. Wenn wir diszipliniert und konsequent genug sind, haben wir über diesen »Hebel« eine ungeheure Einflussmöglichkeit auf uns selbst und unser Leben.

Salutogenese bedeutet in diesem Zusammenhang, die Ich-Funktion so stark zu machen, dass sie die automatisierten Fühl- und Denkgewohnheiten wieder auflösen und umformen kann. Dies verlangt natürlich Übung. In diesem Sinne ist eine salutogenetische Haltung ein »Trainingslager für neues Denken und Handeln«. Salutogenese soll dabei helfen, den eigenen Lebenslauf im Sinne des höheren Ich zu gestalten, damit wir unsere individuellen Ideen und Impulse in der Welt verwirklichen können. So betrachtet ist der Mensch eine Brücke zwischen der Geist- bzw. Gedankenwelt und der materiellen Umwelt. Er allein ist imstande, in seinen Gedanken die Welt zu verstehen und neue Ideen in diese hineinzutragen, zu verwirklichen und neue Wirklichkeit zu schaffen.

Der menschliche Organismus

Erweitern wir nun den Blickwinkel und schauen uns die Vorgänge in unserem Organismus und seiner Umgebung etwas genauer an (siehe Abb. 8 auf Seite 78):

Wir leben mit unserem Organismus in einer Welt, in der uns Materielles, Lebendiges, Seelisches und Geistiges umgibt und auf allen Ebenen in uns hineinwirkt. Unser Organismus ist aus den Kräften, die in der Umgebung wirken, aufgebaut, die dann innerhalb unseres Leibes unter die Kontrolle des Ichs gebracht werden müssen. Auf der materiellen Ebene ist das relativ offensichtlich, da unser Körper aus den aufgenommenen Nahrungsbestandteilen »zusammengesetzt« ist, also Rindfleisch, Blumenkohl, Kartoffeln usw. Im Grunde ist es

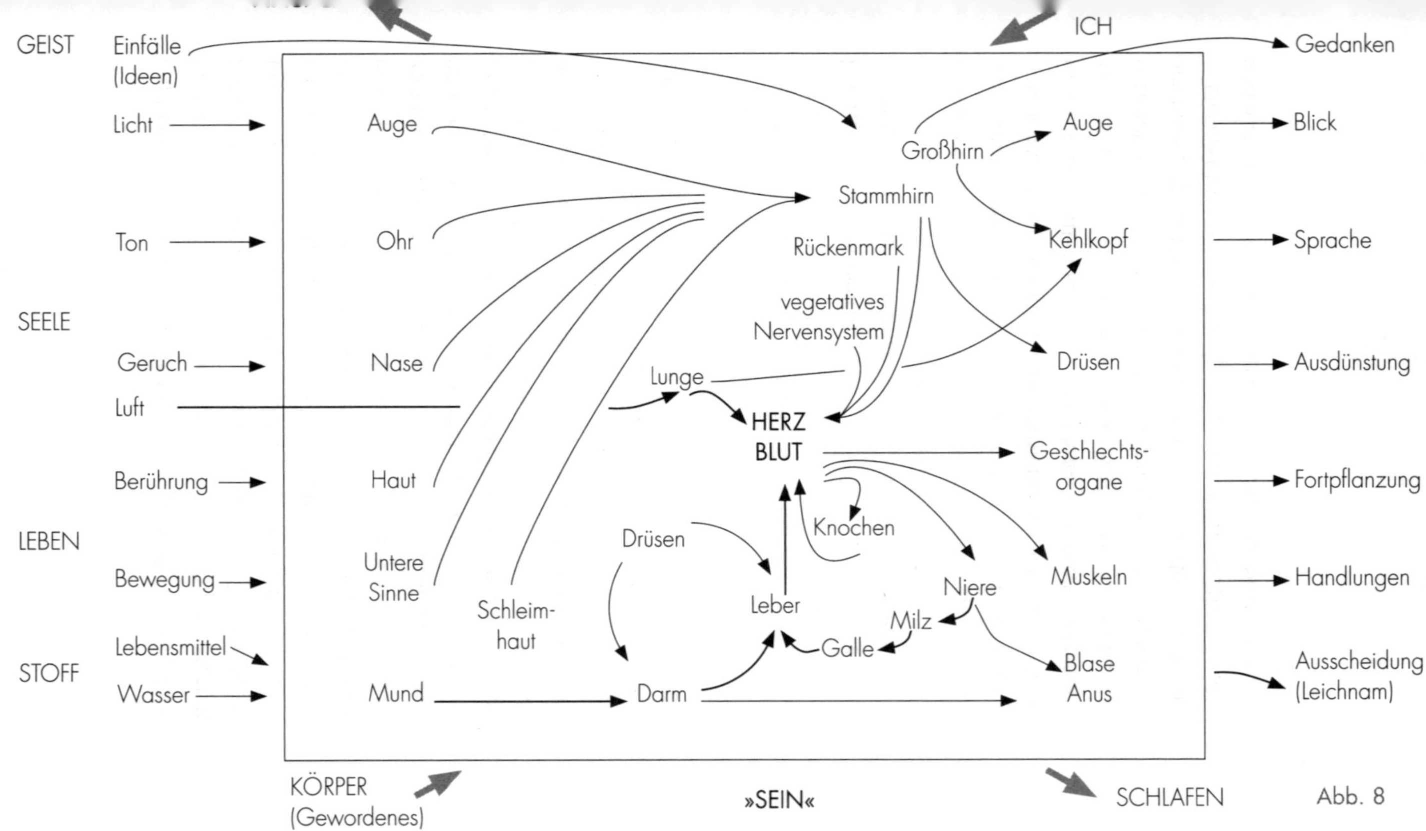
GEIST
Einfälle (Ideen)
ICH
Gedanken
Licht
Auge
Großhirn
Auge
Blick
Stammhirn
Ton
Ohr
Rückenmark
Kehlkopf
Sprache
SEELE
vegetatives Nervensystem
Geruch
Nase
Lunge
Drüsen
Ausdünstung
Luft
HERZ
BLUT
Geschlechts- organe
Berührung
Haut
Fortpflanzung
Knochen
LEBEN
Drüsen
Untere Sinne
Bewegung
Niere
Muskeln
Handlungen
Schleim- haut
Leber
Milz
Lebensmittel
STOFF
Galle
Blase
Ausscheidung (Leichnam)
Wasser
Mund
Darm
Anus
KÖRPER (Gewordenes)
»SEIN«
SCHLAFEN
Abb. 8

ein kleines Wunder, dass die Gestaltungskräfte, die draußen in der Natur aus den Elementen den Blumenkohl aufgebaut haben, in unserem Organismus durch unsere Verdauungskräfte so überwunden werden können, dass wir aus den Elementen ungestört unseren Leib aufzubauen vermögen. Da, wo in unserem Körper zum Beispiel eine Geschwulst oder eine Steinbildung entsteht, haben wir es mit einem Bereich zu tun, in dem diese Eigengestaltungskräfte nicht ganz überwunden wurden und Materie sich nicht in den ich-geführten Leibaufbau eingliedert. Bei den Steinbildungen überwiegen die physikalisch-stofflichen Kräfte, bei den Geschwulstbildungen die ich-fremden Lebenskräfte und bilden im Organismus einen Fremdkörper.

Auch im Seelischen können ich-fremde Einflüsse uns von außen über die Sinnesprozesse ergreifen und in uns weiterwirken, zum Beispiel wenn wir aus dem Affekt heraus eine Tat begehen, die wir nachher bereuen oder für die wir eventuell sogar keine bewussten Erinnerungen haben. Die Bildung bewusster Erinnerungen ist an die Anwesenheit der bewussten Ich-Tätigkeit gebunden.

Daneben ist das Ich auch unbewusst leibaufbauend tätig. Es ist der »Architekt« unseres Organismus. Es wirkt zum Beispiel in der Verdauung und in den Immun- bzw. Entzündungsreaktionen, durch die Fremdeinflüsse im Körper überwunden werden. Das kann durchaus auch zu weit gehen, zum Beispiel bei Allergien oder bei Autoimmunerkrankungen. So werden zum Beispiel bei der Multiplen Sklerose oder bei rheumatischen Erkrankungen körpereigene Strukturen als »fremd« eingeschätzt und bekämpft.

Unser Organismus ist also aus körperfremder Substanz und Kräften aufgebaut, die in einem mehr oder weniger stabilen Gleichgewicht unter unsere zeitweilige Kontrolle gebracht werden. Nach dem Tod löst sich das Ich vom Körper und die Umweltkräfte setzen sich wieder durch – der Körper zerfällt.

Die Welt wirkt über die Sinne in uns hinein

Auf der anderen Seite sind wir auch mit den Sinnesorganen auf eine feine Weise mit den Kräftewirkungen um uns herum verbunden. Wir nehmen mit unseren Sinnen nicht materielle Substanz auf, sondern feinstofflich-kräfteartige Wirkungen. Die Sinnesorgane dämpfen die Einwirkungen stark ab, sodass die Umwelt nur gebremst auf uns einwirken kann. Dennoch ist unser Organismus so aufgebaut, dass er mit seinen verschiedenen Sinnesorganen Qualitäten aus allen Bereichen dieser Welt wahrnehmen kann. Es mag zunächst verwundern, dass wir mit unserem Gehirn Ideen wahrnehmen können, aber indirekt tun wir das. Wer von uns wird behaupten, dass er das Einmaleins erfunden hat! Wir haben es gelernt. Das heißt: Es existiert außerhalb von uns und wir »entdecken« es in uns nach. Dies gilt übrigens für alle »Erfindungen«. Sie existieren im geistigen Raum und werden von besonders begabten Menschen »ent-deckt« bzw. »ge-funden«. Dies erklärt auch, warum nicht selten zwei Erfindungen von verschiedenen Menschen an verschiedenen Orten unabhängig voneinander fast zur gleichen Zeit gemacht werden.

Um diese Gedanken in unserem Bewusstsein aufleuchten zu lassen, sie festhalten und aussprechen zu können, brauchen wir unser Gehirn. Die meisten Menschen können Gedanken zwar nicht direkt wahrnehmen, aber wir können mit Worten oder in Büchern Gedanken übermitteln, die in unserem Gehirn aus den Worten wieder »entschlüsselt« werden. Es ist ja nicht die Druckerschwärze im Buch, die die Gedanken enthält. Sie vermittelt sie nur. Wir müssen die Gedanken in unserem Bewusstsein nachbilden, wieder aufleben lassen. Man kann also sagen, dass sich zunächst durch unser seelisches Mitschwingen unbewusst die Umwelt in uns hineingestaltet. Danach verarbeiten bzw. verdauen wir das Miterlebte gedanklich und bilden aus dem, was wir mit unseren Sinnen aufnehmen, in uns die Welt als »Welt-Bild« nach. Wir schaffen, angestoßen durch unsere Sinneswahrnehmungen, die Schöpfung in uns neu, aus dem Denken bzw. dem Geist heraus. Es ist ja nicht die Schallwelle, die das Musik*erlebnis* beinhaltet, wir müssen erst das Musikerlebnis in uns schaffen, das uns durch unser Gehirn bewusst werden kann. Ohne diesen schöpferischen Vorgang wäre Musik nur ein Geräusch. Die Schwingung der Schallwelle ist nur die unterste, physikalische Ebene des Wahrnehmbaren. Aber diese Schallwelle löst intensive Reaktionen in unserem Organismus aus, die uns buchstäblich »unter die Haut« gehen und uns bis in die Füße mitbewegen, wenn wir zum Beispiel mit dem Fuß einen Takt mitwippen.

Dieses schlichte Phänomen zeigt uns, dass die Sinneseindrücke uns unbewusst »in Fleisch und Blut« übergehen. Denn schließlich sind die Muskeln, die unseren Fuß bewegen, aus Fleisch und Blut! Wenn wir unsere Aufmerksamkeit hingebungsvoll der Schallquelle zuwenden, können feinere Qualitäten in unseren mitbewegten Organismus hineinwirken, die uns ein differenzierteres Miterleben ermöglichen. Wir werden auf die belebende Wirkung dieser feineren Wahrnehmungsqualitäten im zweiten Teil des Buches zurückkommen.

Auf der einen Seite nehmen wir also die Welt über die Sinne nichtstofflich in verfeinerter Form in uns auf, auf der anderen Seite nehmen wir mit der Nahrung geformte Welt in uns auf und »verdauen sie«. Dabei werden in unserem Darm alle Formen zerstört und die Welt auf reine materielle Substanz reduziert. Das heißt: Die sinnvoll geformte Welt um uns herum wird in uns getrennt in eine Gedankenwelt und in reine, ungeformte Substanz. Aus beiden Polen bauen wir in uns unsere Innenwelt, unseren Organismus auf.

Mit unserem Organismus greifen wir über verschiedene Ausdruckswege in die Welt um uns ein und verändern dadurch unsere Umwelt. Diese Veränderungen können sehr dramatische Ausmaße haben, sodass man auch hier von einer Schöpfung sprechen kann. Die *Substanz* aus der Nahrung gibt die *Kraft*, um die Welt zu verändern. Die *Gedankenwelt* – vermittelt über das Gehirn – ergreift die *Ideen* und geistigen Impulse dazu. In unseren Handlungen vereinen wir wieder die zuvor getrennte Gedanken- und Stoffwelt. In Abbildung 8 auf Seite 78 ist dieser Zusammenhang in der Mitte grafisch dargestellt.

Es wurde bereits auf »gute« Gestaltungskräfte um uns hingewiesen, denen wir uns anvertrauen können. Es gibt aber seit alters her Beschreibungen, dass in der Welt auch negative Kräfte wirken und versuchen, sich unsere Seele zu ihrem Werkzeug zu machen. Als moderne Menschen haben wir in der Regel die Vorstellung, dass es solche überpersönlichen Kräfte nicht gibt und wir alles aus uns selbst heraus tun. Diese Einschätzung verkennt, dass bereits unser Körper völlig aus umgebender Substanz, die wir als Nahrung zu uns nehmen, aufgebaut ist. Wir sind stofflich die Welt, die uns umgibt. Wir müssen durch unsere Verdauungskräfte die Naturkräfte so weit zurückdrängen, dass wir zwar mit den verwandelten Nahrungskräften fühlen und denken können, aber innerlich frei bleiben, um unsere eigenen Impulse zu verwirklichen. Wie beschrieben, kommen auch mit den Sinneseindrücken Einflüsse in unser Fühlen und Denken hinein, die wir »verdauen« müssen, damit sie uns nicht unkontrolliert zu Handlungen hineinreißen.

Versuch einer Annäherung an das Wesen des »Bösen«

Man kann Libets Experimente dahingehend verstehen, dass Handlungsimpulse zwar als ichhaft erlebt werden, aber nicht unbedingt aus einer bewussten, ichhaften Initiative hervorgegangen sein müssen. Wie aber entstehen diese spontanen Handlungsimpulse in uns? Wir haben gesehen, dass sie häufig durch Sinnesreize ausgelöst werden, aber auch aus den Stoffwechselprozessen unseres Körpers in Form von Trieben oder Begierden ohne erkennbaren aktuellen Anlass aufsteigen können. In beiden Fällen können sich ich-fremde Außenweltwirkungen in unserer Seele fortsetzen. Besonders deutlich wird das, wenn wir uns durch diese Einflüsse zu Handlungen hinreißen lassen, derer wir uns später schämen bzw. zu denen wir nicht gerne öffentlich stehen. Diese Impulse setzen in unserer Seele an, benutzen unsere Kräfte und bewirken, dass wir etwas tun, von dem wir nachher bei klarem Bewusstsein sagen, dass wir es *so* nicht gewollt haben. Früher umschrieb man dieses Erleben als »Besessenheit«. Historisch und in religiösen oder künstlerischen Zusammenhängen werden die hinter diesen Wirkungen stehenden Mächte verbildlicht als Dämonen, Teufel oder allgemein als »das Böse« beschrieben, das uns »besetzen« kann. Diese Betrachtungsweise erfährt aktuell durch den französischen Philosophen André Glucksmann eine gewisse Renaissance. Auch Thomas Mann bezeichnete Situationen, in denen sich Menschen von kollektiven Erregungen anstecken lassen, als »dämonisches Gebiet«. In diesem Sinne entsteht das Böse letztlich nicht in uns bzw. geht von unserem Ich aus, sondern die Körperprozesse bieten die Eintrittspforte, durch die andere Wesen in uns wirksam werden können. Im Möglichkeitsraum gibt es das Gute genauso wie das Böse. Das »höhere Ich« ist anthroposophisch verstanden im Logos bzw. göttlicher Natur. Es kann auch nicht erkranken. Aber es kann den Einfluss auf den freien Menschen verlieren. Das Böse tun wäre in diesem Sinne ein sich-hingeben des Menschen an das »Nicht-Ichhafte«, das dann durch uns wirksam werden kann. Unsere Aufgabe ist, diese Fremdwirksamkeiten in uns zu erkennen und ihnen nicht unkritisch zu folgen, das heißt unsere relative Wahlfreiheit zu nutzen.In der christlichen Mythologie wird dieser Kampf zwischen den ichhaften und den nicht ichhaften Seelenkräften als der Kampf zwischen Michael bzw. Georg und dem Drachen dargestellt. Der Drachen symbolisiert die undurchschauten Körperprozesse, Michael bzw. Georg das Ich, das durch die Aufmerksamkeitskraft (die Lanze), den Drachen beherrscht. Ziel ist dabei nicht, die ichfremden Kräfte zu vernichten, sondern sie unter die Kontrolle des Ich zu bringen. Dann dienen die Natur- bzw. Drachenkräfte dem Menschen. Durch die Zähmung wird der Drache zum »goldenen Drachen der Weisheit«, wie es in dem Buch *Jim Knopf und Lukas, der Lokomotivführer* von Michael Ende beschrieben ist.

Unabhängig davon, ob wir mit diesen historischen Beschreibungen etwas anfangen können oder nicht, kann es ein tröstlicher bzw. entlastender Gedanke sein, dass nicht alles, was in uns als negativer Impuls auftaucht, ursprünglich mit unserem individuellen Wesenskern verbunden ist, sondern dass wir nur von diesen negativen Kräften ergriffen werden. Es erscheint leichter, sich gegen diesen Zugriff zu wehren, als sich für alles Negative, das in uns auftaucht, verantwortlich zu fühlen.

Für das Auftreten von Rückfallgedanken bei Süchtigen hat der bekannte amerikanische Suchtforscher Alan Marlatt dies als »Samurai-Technik« beschrieben. Der Abhängige solle die Suchtgedanken wie einen feindlichen Krieger behandeln, den es genau im Auge zu behalten gilt. Diese Technik kann man natürlich auf alle anderen nicht-ichhaften Gefühle bzw. Krankheitssymptome übertragen. Ebenso können wir zum Beispiel übertriebene Schuldgefühle oder negative Selbstbewertungen, die wir in früher Jugend gelernt und verinnerlicht haben, wieder aus uns heraussetzen und mit ihnen sprechen bzw. verhandeln, als seien sie eine andere Person. Dies schafft in uns Raum für neue, ichhafte Entscheidungsprozesse. Wie das genau geht, ist im Kapitel »Innerer Dialog« ab Seite 132 beschrieben.

Lernen und Gedächtnis

Sinnesreize führen zu Wahrnehmungen und seelischen Erlebnissen. Jedes Erlebnis führt zu minimalen Veränderungen im Körper, bildet also einen Niederschlag des Erlebten. Damit wird im Körper immer ein Stück Vergangenheit festgehalten. Unsere bewusst verfügbaren Erinnerungen sind nur die »Spitze des Eisbergs« des komplexen Einprägungsprozesses, der über seelische Gewohnheiten bis zu bleibenden, neuen Verknüpfungen im Gehirn führt. Das ist die körperliche Grundlage aller Lernvorgänge, die so weit gehen, dass durch bestimmte Lebenseinflüsse verändert wird, welche Teile unserer Gene (d.h. unserer Erbanlagen) abgelesen und wirksam und welche abgeschaltet werden. Dazu ein meditativer Spruch aus dem Talmud:

> Achte auf deine Stimmungen,
> denn deine Stimmungen werden Gedanken.
> Achte auf deine Gedanken,
> denn deine Gedanken werden Worte.
> Achte auf deine Worte,
> denn deine Worte werden Taten.
> Achte auf deine Taten,
> denn deine Taten werden Gewohnheiten.
> Achte auf deine Gewohnheiten,
> denn deine Gewohnheiten werden dein Schicksal.

Bei jedem neuen Erlebnis mischen sich die früher eingeprägten Erfahrungen unbemerkt in den aktuellen Wahrnehmungsprozess mit ein, indem sie die Urteilsbildungen und Handlungsimpulse von der unbewussten, körperlichen Seite her beeinflussen (siehe Abb. 9).

Diesen über das Körperliche von der Vergangenheit her kommenden, unbewussten, gewohnheitmäßig-automatischen Impulsen steht beim Menschen die Fähigkeit zu einer ganz bewusst, im Hier und Jetzt geführten, neuen Denktätigkeit

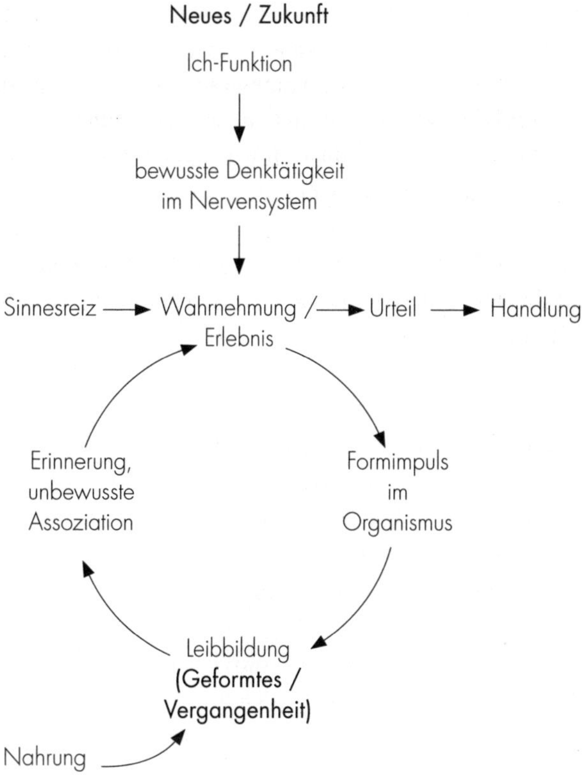

Abb. 9

gegenüber. Sie funktioniert nicht automatisch, sondern muss von uns, von unserer Ich-Tätigkeit, die im Nervensystem wirksam wird, aktiv mühevoll geführt werden.

Sie können diesen inneren Kampf zwischen alten, vorgeformten Denkgewohnheiten und dem neuen, im Hier und Jetzt von uns bewusst geführten Denken erleben, wenn Sie die Augen schließen und sich auf einen beliebigen Inhalt, z.B. einen Bleistift, konzentrieren wollen (siehe Konzentrationsübung ab Seite 143). Immer wieder werden sich ungewollt assoziative Gedanken dazwischenschieben. Aber wir können, wenn unser »innerer Regisseur« (d.h. unsere Ich-Tätigkeit) das bemerkt, wieder zu den selbst gewählten Gedanken zurückkehren. Durch diese Ich-Tätigkeit können wir dem leibgebunden, automatischen Prozessen etwas Neues, Zukünftiges entgegensetzen.

Da wir Menschen an dieser Stelle einen Spielraum zum Entscheiden haben, können wir mit unseren Handlungen die Welt zum Guten oder zum Schlechten verändern.

Dies bringt uns erneut zu der Frage zurück, wer oder was uns bei unseren Handlungen leitet, welche Werte, welche Ethik wir haben. Wie gesagt, ist jeder Mensch auch in diesen Fragen zumindest teilweise frei. Mit dem Blick auf die Geschichte sei an dieser Stelle darauf hingewiesen, welche Bedeutung religiöse Werte für die Entwicklung unserer Kultur und unserer Gesellschaft hatten. Früher waren uns diese Werte mehr oder weniger von außen aufgezwungen. Heute wirken sie noch unbewusst von innen durch unser Gewissen. Der im ersten Kapitel angedeutete Blick auf unsere soziale Umgebung lässt uns ahnen, was geschieht, wenn auch diese Wirkung von innen nachlässt, was zunehmend der Fall zu sein scheint.

Diese Entwicklung gibt uns jedoch die Chance, uns freiwillig für bestimmte Werte zu entscheiden und zeitgemäße Formen eines spirituell-religiösen Lebens aus eigener Initiative zu entwickeln. Das greift den Sinn des Wortes »Religion« (lateinisch: *wieder anbinden*) auf und ist eine kulturelle Aufgabe der Zukunft für alle Menschen. – Eine salutogenetische Haltung kann dazu beitragen, dass Menschen, die sich in ihrem Lebensweg verstrickt haben, wieder frei werden, ihren Beitrag für diese Entwicklung zu leisten.

Wie wurden wir, wer wir sind

Diese durchaus komplexe Frage soll hier nur aus der modernen, psychologischen Perspektive der Schematherapie nach Jeffrey Young betrachtet werden:

Alles, was wir erleben, führt zu Aktivitäten in unserem Nervensystem. Unsere unbewusste Denktätigkeit fügt den aktuellen Sinnesreizen passende Muster aus früheren Erfahrungen hinzu. Diese alten Muster prägen daher das Erleben der aktuellen Situation entscheidend mit: Wir sehen die Gegenwart immer durch die Brille der Vergangenheit. Dadurch stabilisieren sich die Erlebensmuster immer weiter selbst. Diese Muster kann man ein *Schema* nennen. Die Schemata stehen hinter den Gefühlen, Gedanken, Handlungsmustern und auch den vegetativen Reaktionen, die zu diesem Erlebnismuster bzw. zu dieser Szene gehören. Wenn wir etwas Neues erleben, wird automatisch das passende Schema mit allen dazugehörigen Gedanken, Gefühlen usw. aktiviert.

Im positiven Fall kann uns das helfen, Situationen schneller zu erkennen und zu bewältigen. Im negativen Fall führt es dazu, dass wir uns auch in neuen Situationen immer wieder nach den alten Mustern verhalten und dadurch der Eindruck entsteht, dass wir im Leben dazu verurteilt sind, immer wieder dieselben schlechten Erfahrungen zu machen. Dabei ist es unsere »Schema-Brille«, die uns immer wieder bevorzugt das zeigt, was wir schon kennen.

Es kann uns im Alltagsleben passieren, dass eine aktuelle Beziehungssituation einem früheren Erlebnis ähnelt. Dann tauchen ähnliche Gefühle in der Seele auf wie damals, als wir die Erlebnisse erstmals hatten.

Man kann eine solche Aktivierung alter Schemata daran erkennen, dass unvermittelt relativ starke Gefühle auftreten, die ein Außenstehender aus der Situation heraus nicht nachvollziehen kann. Um zu verstehen, warum dennoch diese intensiven Gefühle entstehen, ist es wichtig zu wissen, dass die Gefühle kein »Verfallsdatum« haben, sondern dass sie in unserem emotionalen Gedächtnis in der ursprünglichen Intensität bereitstehen. Wenn sich also zum Beispiel heute ein Partner von mir trennt, fühle ich mich genauso einsam und verlassen wie als kleines Kind, als ich von meinen Eltern getrennt wurde.

Um die ganze Heftigkeit der heutigen Gefühle zu verstehen, ist es sehr hilfreich, den aktuellen Gefühlen die ursprünglichen Situationen der *Schemaentstehung* (in der Ursprungsfamilie) zuordnen zu können. Erst dann werden die heutigen Gefühle vor dem damaligen Hintergrund verständlich und man kann daran arbeiten, den Unterschied zwischen der damaligen und der heutigen Situation zu erkennen (siehe Abb. 10).

Schemata haben also eine Tendenz, sich selbst zu erhalten. Wir nehmen bevorzugt das wahr, was zu unserer aktuellen Stimmung bzw. Situation passt: Schwangere sehen auf der Straße bevorzugt andere Schwangere; haben wir uns eine Beule ins Auto gefahren, fallen uns andere Autos mit einer Beule besonders auf. Wenn wir depressiv sind, merken wir

Prinzip der Aktivierung alter Schemata in der Gegenwart

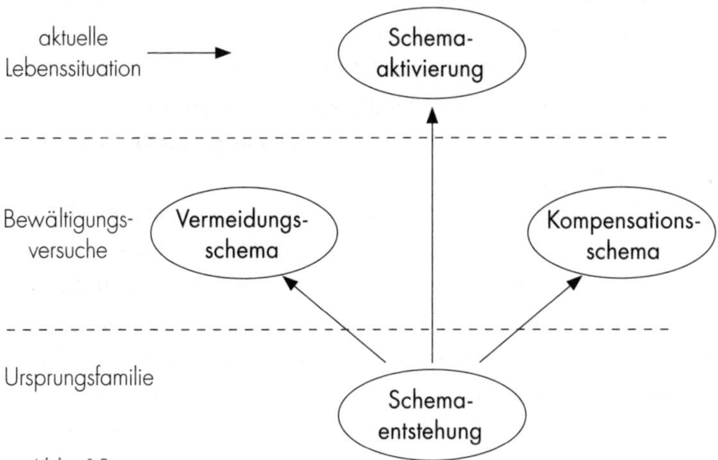

Abb. 10

uns depressionsfördernde Nachrichten besonders leicht. So sehen wir in unseren Wahrnehmungen bestimmte negative Grundannahmen immer wieder bestätigt. Etwas allgemeiner formuliert, sehen und erklären wir die Welt immer wieder so, wie wir sie früher kennen gelernt haben. Wir betrachten besonders in den emotionalisierten Situationen die Welt immer noch aus unseren alten Kinderaugen. Auf der Handlungsebene verhalten wir uns entsprechend so wie früher, sodass sich die früheren Erlebnisse in den aktuellen Erfahrungen (z.B. in Beziehungen) wiederholen. So schaffen wir aus unseren alten Gefühlen und Gedanken heraus die Wirklichkeit selbst, unter der wir anschließend leiden!

Um die Wiederholung der negativen Erfahrungen in Grenzen zu halten, haben wir – ebenfalls meist unbewusst – Vermeidungs- und Kompensationsmuster ausgebildet.

Vermeidung arbeitet so, dass wir gedanklich, gefühlsmäßig oder im Handeln versuchen, keine Situationen entstehen zu lassen, die die negativen Schemata aktivieren könnten, indem wir zum Beispiel keine Beziehungen oder neue Situationen eingehen, uns übermäßig anpassen bzw. bestimmte Gefühle abblocken. Der »Preis« ist eine zunehmende Verarmung unseres Lebens.

Kompensation bedeutet, dass wir in übertriebener bzw. verkrampfter Weise nach Möglichkeiten suchen, unsere negativen Gefühle zu beruhigen, indem wir zum Beispiel aus Angst vor einer Beziehungsenttäuschung dauernd neue Beziehungen anfangen, aber rasch selbst wieder beenden. Oder indem wir uns aus dem Gefühl innerer Wertlosigkeit äußerlich aufwerten bzw. materielle Werte anhäufen oder aus Angst vor Abhängigkeit eine machtvolle Position anstreben. Der Nachteil ist, dass wir die ursprünglichen Gefühle zwar nicht mehr erleben, aber den Mechanismus nicht durchschauen, sodass wir Sklave unserer kompensatorischen Muster zu werden drohen.

Wie können wir Schemata verändern?

Wenn wir in einem Zug sitzen, der in die falsche Richtung fährt, müssen wir lernen umzusteigen. Das ist schwer, weil der Gewohnheitsmensch in uns es gerne so weiter machen möchte wie bisher. Alles Neue ist anstrengend und zunächst unlustvoll, bis ich beim Tun ein gutes Gefühl habe und dadurch lerne: Oh, das fühlt sich ja tatsächlich gut an! Dann hat es auch das Gewohnheitstier in mir begriffen und ich kann mir ein neues, positives Schema aufbauen. Aber davon gehen die alten negativen Schemata und Gewohnheiten nicht weg! Die alten und neuen Schemata bestehen nebeneinander bzw. können sogar miteinander kämpfen. Zumindest am Anfang sind die alten Schemata stärker, besonders wenn sie kurzfristig ein gutes Gefühl versprechen. Wir müssen also gezielt üben, uns gegen die alten Gefühle zu entscheiden, und bewusst und aktiv die neuen Verhaltensweisen trainieren. Dieses »Umsteigen« können Sie mit den folgenden Bildern besser verstehen (siehe Seite 94):

Es kostet eine gewisse – wenn auch nur minimale – Kraft, von den Gesichtern zum Kelch und zurück zu wechseln. In diesem Fall ist es zwar relativ einfach, aber man kann bemerken, dass es nicht ganz von selbst geht, sondern eine bewusste Initiative braucht.

Ein anderes Beispiel für diesen Vorgang ist das Schalten beim Auto fahren. Wenn Sie merken, dass der Gang, in dem Sie gerade fahren, der falsche ist, müssen Sie zunächst auskuppeln, bevor Sie einen neuen Gang einlegen müssen. Ohne Auskuppeln geht gar nichts! Das Auskuppeln ist mit einer gewissen Anstrengung verbunden bzw. unterbricht den Fahrtverlauf für einen Moment. Genauso funktioniert im Prinzip das Umsteigen von einem alten zu einem neuen Verhaltensmuster. Nur ist es leider deutlich schwieriger. Dem Auskuppeln entspricht bei psychischen Veränderungsprozessen das Aussteigen aus dem automatisierten Muster. Die Hand, die den Schaltknüppel führt, ist unsere Bewusstheit bzw. Achtsamkeit. Dem Einkuppeln entspricht die Fähigkeit, neue Verhaltensmuster zu starten bzw. die Aufmerksamkeit auf positive, selbst gewählte Tätigkeiten zu lenken. Das ver-

Abb. 11

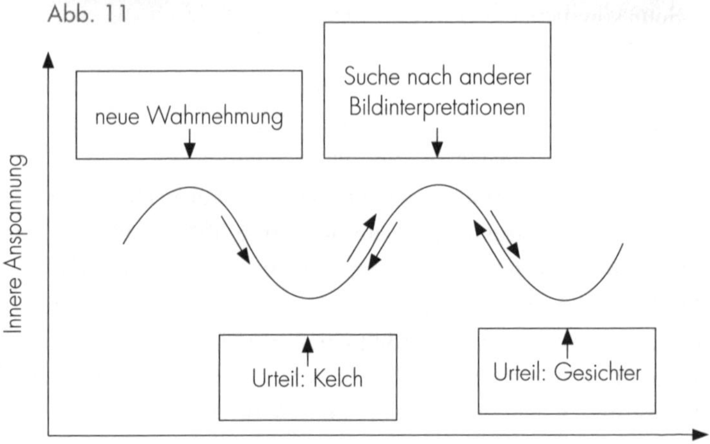

Abb. 12

Zeitverlauf

langt wieder ein Eintauchen ins Handeln und damit in die Stoffwechselprozesse.

Wenn wir unser Leben anhaltend verändern wollen, müssen wir die unbewussten Schemata bewusst machen, um sie dann ganz gezielt zu verändern. Dabei helfen uns folgende Schritte:

Schemata erkennen und benennen

1. Wir müssen uns entscheiden, dass wir an den alten Mustern arbeiten wollen und bereit sind, uns dabei anzustrengen.
2. Wir schauen uns unsere aktuellen Konflikte an und versuchen, Gesetzmäßigkeiten zu erkennen. Sie können das selbst entdecken, denn immer dann, wenn Sie plötzlich starke Gefühle erleben, sind in der Regel Schemata aktiviert.
3. Wir schließen die Augen und versuchen, uns wieder als Kind zu sehen – und zu fühlen. Dadurch können wir manchmal den Entstehungsszenen der Schemata auf die Spur kommen.

Schemata anerkennen und verändern – sich von ihnen trennen

Schemata anzuerkennen bedeutet, die durch Vermeidung und Kompensation abgespaltenen negativen Gefühle zuzulassen, auszuhalten und als eigene Vergangenheit anzunehmen. Dadurch verändern sie sich. Aus Angst und Schmerz werden Trauer und Wut. Angst und Schmerz sind unangenehme Gefühle, die wir ungern aushalten, deshalb haben wir Vermeidungs- und Kompensationsverhalten entwickelt. Wenn wir diese negativen Gefühle zulassen, können sich die angemessenen Trauer- und Wutgefühle nachträglich einstellen und wir können sie in unser Selbstbild integrieren. Besonders die Wut brauchen wir, denn in ihr steckt die Kraft zur Veränderung. Wir müssen die Kraft aber durch unsere Gedanken in konstruktive Bahnen lenken (den Drachen zähmen), damit wir nicht durch Hass- oder Rachegedanken in der Vergangenheit gefesselt bleiben.

Die verschiedenen Schemata bzw. Erlebens- und Handlungsimpulse stehen relativ unverbunden in uns nebeneinander bereit und können in unvorhergesehenen Situationen wechselnd aktiviert werden. Man kann diese Schemata oder Verhaltensmuster auch als »Teile« der Gesamtpersönlichkeit bezeichnen. Dies hat nichts mit Schizophrenie zu tun, sondern ist eine ganz normale Funktionsweise unseres Selbst. Alle Menschen verhalten sich in verschiedenen Situationen zum Teil sehr unterschiedlich, zum Beispiel bei der Arbeit, mit Freunden in der Freizeit, auf dem Fußballplatz oder wenn sie verliebt sind. Diese verschiedenen Seiten können wie unterschiedliche Menschen wirken. So hören wir manchmal von anderen: »So kenne ich dich ja gar nicht!«

Weil die Teile mit sehr unterschiedlichen Bedürfnissen verbunden sind, treten sie nicht gleichzeitig auf. Wenn sie unvermittelt auftreten, »fallen wir aus der Rolle«. Damit wir unsere Mitmenschen nicht allzu sehr irritieren, versuchen wir das zu vermeiden. So haben die meisten Menschen einen »Manager«, der für die Anpassung nach außen und gutes Funktionieren sorgt. Er führt zum Beispiel die kompensatorischen oder vermeidenden Bewältigungsversuche aus. Der Preis kann sein, dass lustbetont-kindhafte Bedürfnisse nach Spaß, Geborgenheit, Anlehnung oder Liebe nach außen nicht gezeigt, sondern gewissermaßen »verbannt« bzw. abgespalten werden, manchmal sogar gar nicht mehr bewusst sind. Das kostet seelische Kraft und macht uns angespannt.

Die Spannung zwischen dem »Manager« und dem »verbannten inneren Kind« kann zu Krankheitssymptomen führen, die einerseits dem Unwohlsein des Kindes Ausdruck verleihen, aber nach außen hin sozial anerkannt sind. Dies gilt besonders für Krankheitssymptome, die sich auf Körperfunktionen beziehen. Die körperlichen Untersuchungen führen dann meist zu keinem Befund. Wenn nicht genauer nach dem Entstehungszusammenhang der Symptome gefragt wird und die Schemata identifiziert werden, bleiben die inneren Konflikte verborgen.

Vielen von uns ist das »Wühlen« in der Vergangenheit unangenehm, weil wir dadurch wieder in Kontakt mit den verbannten Gefühlen der Ursprungsschemata kommen. Das ist aber die Voraussetzung, um neue, bessere Lösungen zu finden, die allen Teilen gerecht werden.

Denn nur was wir erkennen und anerkennen, können wir in unser Selbstbild integrieren und darauf ein realistisches Selbstbewusstsein und Selbstvertrauen aufbauen. Was ich abspalte, wirkt unerkannt und unkontrolliert in mir weiter. Ein Chinesisches Sprichwort sagt: Der gefährlichste Feind ist der, den ich übersehe. Wie sollen wir auf ein unvollständiges Bewusstsein unseres Selbst vertrauend aufbauen? Die Grundlage jeder tragfähigen Veränderung ist die Akzeptanz unserer persönlichen Geschichte.

Verändern

Bedeutung der Achtsamkeitshaltung

Wir haben gesehen, dass unser emotionales Erleben stark geprägt ist von der Vergangenheit. Gleichzeitig ist unser Selbsterleben und -bewusstsein eng mit den Körperprozessen verbunden. Rudolf Steiner gibt an, dass sich der seelisch-geistige Wesenskern des Menschen im Laufe seiner Entwicklung tatsächlich zu tief bzw. fest mit den physisch-körperlichen Vorgängen verbunden habe. Dadurch sei das Erleben des heutigen Menschen zu sehr an die Körperprozesse gebunden und er daher zu sehr auf sich selbst zentriert. Positiv sei dadurch ein verstärktes Selbstbewusstsein entstanden, negativ eine Tendenz zu Selbstzentrierung und Egoismus.

Wir haben zwar unseren Intellekt gewonnen, fühlen uns aber allein gelassen und nicht mehr ganz in der Welt geborgen. Wir sind – um ein bekanntes Bild zu nutzen – aus dem Paradies gefallen. Dies findet mythisch seinen Ausdruck in der »Verführung durch die Schlange« und das »Essen vom Baum der Erkenntnis«. Ursprünglich sollte der Mensch stärker fühlend mit dem Umkreis und den anderen Menschen und Wesen verbunden bleiben und hätte daraus einfühlsamer handeln können. Durch den »Sündenfall« wurden seine Wahrnehmungen einseitig sinnlich-physischer, sein Denken intellektuell-analytischer und sein Erleben selbstbewusst-egozentrischer.

In der Empathiefähigkeit sind uns noch Reste des einfühlenden Miterlebens erhalten. Überwiegend fühlen wir aber nicht mit der Umgebung mit, sondern unser emotionales Erleben ist eng an unsere eigenen Körperprozesse gebunden. Unser Selbstbezug ist konstitutionell stärker als der Weltbezug.

Diese Darstellung mag zunächst sehr abstrakt und auf manche befremdlich wirken. Wir können uns aber ein eigenes Erlebnis davon verschaffen, dass unsere Wahrnehmungskonstitution nicht absolut vorgegeben, sondern durchaus veränderbar ist, wenn wir die Übergänge beim Einschlafen und Aufwachen aufmerksam beobachten. Bevor Sie beim Einschlafen wirklich »weg« (d.h. eingeschlafen) sind, können Sie bemerken, wie Ihre Gedanken beweglicher, assoziativer werden. Manchmal fallen uns in diesem Übergangs- bzw. Lockerungszustand sehr kreative Dinge ein. Andere bekommen an dieser Schwelle zum nächtlichen Seelenleben Halluzinationen als Folge dieser konstitutionellen Lockerung. Umgekehrt können wir beim Aufwachen feststellen, dass wir manchmal mit ganz anderen Blickwinkeln und Stimmungen in die bewusste Welt kommen, als wir sie nur Sekunden später haben, wenn wir ganz wach sind. Ein bekanntes Beispiel ist die Entdeckung der Struktur des Benzolringes durch den Chemiker Stephan Kekulé aus dem Traum heraus. An diesen Übergangssituationen kommen wir in Kontakt mit anderen Erlebensformen im Seelischen als im Alltag. Das Gleiche erleben manche an der Grenze zu einer Ohnmacht, am Beginn einer Narkose oder in Nahtodsituationen. Ähnliches kann man unter Drogeneinfluss erleben.

Unsere Selbsterlebensweise ist also nicht so absolut, wie wir denken, es gibt da Veränderungsmöglichkeiten. Man kann die bewusste Begleitung der Einschlaf- und Aufwachübergänge üben und dadurch seine Sensibilität für andere Erlebensweisen in seinem Gefühls- und Gedankenleben im Alltag vergrößern.

Im Wachzustand hängt unser Selbsterleben stark an den körperlichen Prozessen insbesondere in unserem Gehirn. Diese Verbindung gibt unseren Gedankenbildungen Halt und Dauer. Neurobiologisch betrachtet ist ein großer Teil der Nervenzellen mit anderen Nervenzellen im Gehirn verknüpft und nur sehr wenige Nervenzellen sind mit den Sinnesorganen oder mit dem übrigen Körper verbunden. Dadurch bewegen wir uns oft und gerne in vertrauten Fühl- und Denkbewegungen, was uns ein Gefühl von Kontinuität und damit eines stabilen Selbst gibt. Diese Abgeschlossenheit ist die Grundlage für unser stabiles Selbstgefühl und unser Selbstbewusstsein – aber eben auch für unsere Tendenz zum Egoismus. Um nicht in der Vergangenheitsfalle stecken zu bleiben, müssen wir an der Fähigkeit arbeiten, uns vom spontan gegebenen Gefühls- und Gedankenerleben lösen zu können.

Im Denken können wir etwas Neues ermöglichen

Innerhalb des wachen Seelenlebens können wir uns im Denken am ehesten kontrolliert von dieser Leibbindung lösen und uns mit überpersönlichen Perspektiven oder neuen Gedankeninhalten verbinden. Um uns zu entwickeln, brauchen wir diese neuen Einflüsse, insbesondere neue Ideen, die uns zum Ziel werden können. Ein sich öffnendes Gedankenleben auch am Tage bildet also die Eintrittspforte für das Neue in unserem Leben, und zwar in einem doppelten Sinn: zum einen in Form von neuen Ideen, also Gedankeninhalten; zum anderen können wir mit suchenden bzw. tastenden Denkbewegungen in uns auf der Gefühlsebene bemerken, wo wir im Gefühl eine Sehnsucht nach Neuem bemerken bzw. wo unser Gefühl uns sagt: Da fehlt mir etwas, da will ich mehr wissen, da bin ich »neu-gierig«. Neugier ist ein Gefühl!

Wenn wir eine Verbindung zwischen Gedanke und Gefühl schaffen, kommen wir in eine Suchhaltung, die uns umfassend offen für Neues macht, auch jenseits des Lernens von neuem Wissen. Aus dieser Offenheit können wir die als Intuition aufleuchtenden Impulse unserer »höheren Ichs« erlauschen und in unsere Entscheidungen vorsichtig einbeziehen. Die wirkliche innere Entwicklung besteht nicht im Ansammeln von neuem Wissen. Leider auch nicht durch dieses Buch! Veränderung entsteht erst, wenn die Ideen bzw. Gedanken sich mit Gefühlen verbinden und den Willen erreichen, der in den Körperprozessen bzw. im Stoffwechsel wirkt. Tiefes Lernen, das die Kraft hat, uns wirklich zu verwandeln, entsteht nur, wenn es mit Gefühlen und von einem intensiven »Willen zur Wahrheit« durchdrungen ist.

Das ist ein völlig anderes Denken als ein leeres Gedankenkreisen zum Beispiel bei Ängsten oder Depressionen. Das Denken kreist nicht in sich selbst, sondern wendet sich erlebend der Welt zu. Das Gefühl, in einer Krise zu stecken, oder der Schmerz, etwas nicht zu verstehen, kann ein entscheidender Ausgangs- bzw. Wendepunkt sein, sich tiefer in das eigene Leben, in die aktive Gestaltung der Biografie hineinzustellen.

Der »Wissensdurst«, der »Hunger nach Erkenntnis« bzw. das Verstehen-Wollen treiben uns an. Die folgenden Worte Rudolf Steiners zeigen den Bezug zu den Stoffwechselvorgängen an, aus deren Bereich die Willenskräfte kommen.

> Die Rätsel des Lebens
> lösen sich in der Wärme
> des nach Gedankenklarheit strebenden Herzens.

Auf die richtige Einstellung kommt es an

Es geht also um ein Zusammenwirken zwischen Willens- bzw. Gefühlsprozessen im Leib, die befeuert werden von evtl. unbewussten Zielen auf der einen und ordnenden Denktätigkeiten in Bezug zu überpersönlich-geistigen Inhalten, Idealen bzw. Werten auf der anderen Seite. Zwischen diesen beiden Ebenen kann ein starkes Spannungsgefühl bestehen, wenn das Gefühl in die eine Richtung ziehen will und der Verstand sagt: »Das tut dir nicht gut!« Oder umgekehrt: Der Verstand sagt: »Tu das, das wird dir gut tun«, und das Gefühl sagt: »Sorry, keine Lust!«

Dieses Gespaltensein ist unser Alltag! Das müssen wir aushalten und gestalten. Hier gibt es keine schnellen Lösungen. Es wird nie aufhören, das müssen wir annehmen und akzeptieren. Leben ist nun einmal eine »Sisyphusarbeit«. Der Stein wird nie oben liegen bleiben, wir werden nie angekommen und fertig sein. Wir müssen die richtige Einstellung zu dieser Situation finden. Den Stein schneller hochzurollen hilft da leider nicht. Im Gegenteil: Wir müssen uns damit abfinden bzw. akzeptieren, dass wir lebenslang »Steinroller« sein werden.

Diese Vorstellung wird erträglicher, wenn wir uns vergegenwärtigen, dass wir uns die Tätigkeit einteilen können, indem wir das Tempo anpassen und kleine Verschnaufpausen einlegen. Zum Trost verdeutlichen Sie sich doch bitte, wie Ihr Herz seine Arbeit verrichtet: Auch das Herz rast nicht eine bestimmte Zeit und denkt dann, es sei mit seiner Arbeit fertig. Es zieht sich zusammen, entspannt sich und dann macht es eine kurze Pause. Diese kurze Pause ist wichtig, da sich das Herz in dieser Zeit regenerieren kann. Statt sich zu verkrampfen, versucht das Herz, ausdauernd-rhythmisch zu schlagen. Seelisch gesprochen könnte man sagen, dass es geduldig-demütig seiner Aufgabe nachgeht, so wie Beppo, der Straßenfeger in *Momo* von Michael Ende. Hier können Sie sehen: Rhythmus ersetzt Kraft.

Achtsamkeit und Akzeptanz in der christlichen Mystik

Achtsamkeit und Akzeptanz sind Begriffe aus der buddhistischen Tradition, sie sind aber (vielleicht für manche überraschend) auch der christlich-mystischen Strömung nicht fremd. Dies möge eine Bildbetrachtung der Antonius-Darstellung aus dem Isenheimer Altar in Colmar verdeutlichen (siehe Abb. auf Seite 105). In einer Zeit, als es noch keine Psychotherapie gab, wurden Kranke vor dieses Altarbild geführt, um daran innere Kraft zu gewinnen. Wir sehen zwei etwas unterschiedlich große Hälften. Vielleicht ist es gut, wenn Sie die obere Hälfte zunächst zudecken, dann ist die Wirkung der unteren Bildhälfte stärker. Sie sehen dort wie in einem Albtraum tierhafte Wesen, die eine in der Mitte liegende bärtige Figur in einem türkisfarbenen Mantel angreifen. Versuchen Sie sich einmal

in diese Figur hineinzuversetzen: Wie würde es uns an deren Stelle gehen? Die spontanen, tierhaften Reflexe in uns würden zu Kampf oder Flucht raten. Eine genauere Betrachtung zeigt, dass die Gestalt des Antonius nicht beschädigt, ja nicht einmal beschmutzt ist. Offensichtlich können diese Tierwesen ihr nichts anhaben. Wie ist das möglich? Antonius kämpft oder flüchtet nicht, sondern er schaut genau auf das vogelartige Wesen, das ihn in einer zornigen Geste mit einem Knüppel verprügeln möchte. Er schaut hin und hält stand! Er bleibt »gelassen«, das heißt, er lässt alle aufkommenden Angstgefühle innerlich los. Genau dieses gelassene Standhalten scheint ihm Kraft und Schutz zu geben.

Aber was sind das für Wesen, die man auf diese Weise in Schach halten kann? Wenn es wirkliche Tiere wären, wäre es nicht so einfach, sie auf Distanz zu halten (obwohl Daniel in der Löwengrube etwas Ähnliches gelingt). Hier sind sicher mehrere Interpretationen möglich. Für unseren Zusammenhang ist die Vorstellung hilfreich, dass es sich um die »Tiere in uns«, also intensive emotionale Gefühlsregungen, handeln könnte. Vor dem christlichen Hintergrund, aus dem dieses Altarbild entstanden ist, kann man in den Tierwesen die sogenannten »Todsünden« entdecken (von links nach rechts): die Eitelkeit, die sich mit dem Mantel des Antonius schmückt, die sexuelle Gier in dem gehörnten Wesen, die Fresssucht in dem Tier mit dem gelben Schlund, die Trägheit in der dröge blickenden Figur mit der rote Kappe am rechten Bildrand, den Zorn in dem prügelnden Vogelwesen und den Geiz in Form des Panzertieres am Boden. Wenn Sie mitgezählt haben, werden Sie feststellen, dass das erst sechs Sünden sind. Wo versteckt sich die siebte – der Neid? Wenn Ihre Augen und die Reproduktion es zulassen, können Sie rechts neben der Eitelkeit in der Dunkelheit eine Dreiergruppe erahnen, bei der ein Schandmaul einem gierig Zuhörenden etwas zuflüstert und ein kieferartiges Wesen zuschlägt. Mit etwas gutem Willen kann man hier den Neid herauslesen.

Folgt man der Interpretation, dass es sich bei den tierartigen Wesen um seelische Kräfte in uns handelt, die uns zu überwältigen drohen, verdeutlicht das Bild die Distanz schaffende Wirkung der Achtsamkeit. Die eigentlich in die Handlung drängenden Impulse werden durch die Achtsamkeit zwar angenommen und damit nicht verdrängt, aber vor ihrer Ausführung zurückgehalten bzw. losgelassen. Ein Zitat des Buddha über die Angst möge das unterstreichen: »Kam die Angst, während ich ging, blieb ich nicht etwa stehen, sondern ging weiter und wehrte die Angst im Gehen ab. Kam die Angst, während ich saß, stand ich nicht etwa auf und ging weg, sondern wehrte die Angst im Sitzen ab. Kam die Angst, während ich lag, wehrte ich die Angst im Liegen ab.«

Wir werden also nicht Herr über die Angst, wenn wir davonlaufen, sondern indem wir ihr ins Auge sehen und nicht weichen.

Kraft durch Vertrauen

Was gibt *Antonius* die Kraft, dies zu tun? Diese Frage bringt uns zur oberen Bildhälfte zurück, die Sie jetzt wieder aufdecken können. Die farbliche Gestaltung des Himmels und der sonnenartigen Figur auf der linken Seite spiegelt sich in der Farbe des Gesichtes von Antonius und in seinem Mantel.

Wie aber wird die Beziehung zum Himmel hergestellt? Den Schlüssel zu einer Antwort geben die von Athanasius überlieferten Worte des gequälten Antonius, die vorne auf dem kleinen Zettel an einem Baumstumpf geheftet sind, auf die auch Ron Dunselmann in seinem Buch *Anstelle des Ich* hinweist. Auf dem Zettel steht: »Ubi eras, bone Jhesu? Ubi eras? Quare non affuisti, ut vulnera mea sanares?« – »Wo warst du, guter Jesus? Wo warst du? Warum warst du nicht da, meine Wunden zu heilen?«

In der von Athanasius überlieferten Legende ertönte daraufhin eine Stimme aus dem Himmel: »Antonius, ich war hier, aber ich wartete ab, deinem Kampf zuzuschauen. Weil du standgehalten hast, werde ich dir stets ein Helfer sein und machen, dass dein Name allerorten gefeiert werde. Dann sah man auch, dass die Hilfe schon unterwegs, dass der Himmel aufgerissen war und Engel herniederfuhren, vor denen die Dämonen herunterstürzten – gleich würde der ganze Spuk vorbei sein.«

Weil Antonius standgehalten hatte, konnte der Himmel ihm helfen. Man könnte dieses Wirksamwerden des Geistigen in unserer Seele durch die bewusste innere Ausrichtung auf das Geistige auch als »Geistesgegenwart« bezeichnen. Dieses Wort schlägt wieder die Brücke zum Begriff der Achtsamkeit, die manchmal auch als Geistesgegenwart übersetzt wird.

Diese Perspektive führt uns zu einem neuen religiösen Verständnis: weg von dem Vatergott des Alten Testamentes, der aktiv in das Schicksal der Menschen hineingreift, hin zu der Christuswirksamkeit im Neuen Testament, von der Paulus sagt: »Nicht ich bin es, der heilt, sondern der Christus in mir.«

Diese guten Kräfte können heute nur noch wirken, wenn wir sie durch unsere Standhaftigkeit und unser Tun wirksam werden lassen. Das innere Vertrauen darauf, dass durch mich gute Kräfte wirksam werden können, bringt diese tatsächlich hervor. Im Sinne der konstruktivistischen Philosophie schaffe ich damit die Wirklichkeit, an die ich glaube. Mein Glaube entscheidet also darüber, welche Wirkungen ich schaffe. Glaube ist in diesem Sinne nicht irrational oder sentimental, sondern das konsequente Handeln aus der Erkenntnis, dass ich mit meinem Denken wichtige Bereiche meiner inneren Realität selbst gestalte und daher Verantwortung für mein Gedankenleben übernehmen muss. Philosophie und Glaube sind an dieser Stelle keine alternativen Welten mehr, sondern berühren bzw. durchdringen sich, wenn das Denken (z.B. in der Meditation) fühlender wird und das »Fühlen denkender«.

Der innere gedankliche Bezug zu etwas jenseits meines aktuellen Gefühlslebens ist die Brücke, die mich über den Abgrund in meinem Gefühlsleben trägt, der mich zu verschlingen droht. So beschreibt es auch Victor E. Frankl in seinen KZ-Erinnerungen in *Trotzdem ja zum Leben sagen.* Es sind nicht die schlauen Gedanken oder gut gemeinten Worte, die mir helfen standzuhalten. Es ist das Vertrauen, das innere Gefühl, dass es jenseits des momentanen Befindens etwas in mir gibt, das sich entwickeln, das wachsen und weiterleben kann und will, auf das ich mich mit meinem Denken richten kann, auch wenn ich im Moment von einem schlechten Gefühl angeflutet und ergriffen werde. Ein solcher Gedanke kann sein: Ich *habe* dieses Gefühl, aber ich *bin* es nicht. Ich bin das oder der, der durch all diese Gefühle weiter geht, der morgen noch da ist, wenn andere Gefühle da sein werden. Was mich trägt, ist der von einem starken Willen aufrechterhaltene, unablenkbare gedankliche Bezug, das Vertrauen auf dieses »höhere Ich«, das sich in meiner Biografie verwirklichen will und dazu diesen

Leib aufgebaut hat. Auf dieses höhere Ich kann ich bauen. Das ist mein eigentlicher Halt, das ist »wesentlich«, der Kern meines Wesens. Der Körper und seine Gefühle sind nur eine veränderliche Hülle. Die Konstante in meinem Leben und der Kern meiner Persönlichkeit ist dieses sich entwickelnde Ich. Diesen Gedanke müssen wir dann so intensiv und bildhaft werden lassen, dass er das Gefühl durchdringt und färbt, z. B. mittels dieses Meditationspruches Rudolf Steiners:

Ich schaue in die Finsternis,
in ihr entsteht Licht.
Wer ist das Licht in der Finsternis?
Ich bin es selbst in meiner Wirklichkeit.
Doch diese Wirklichkeit meines Ich
taucht nicht ein in mein Erdensein.
Ich bin nur Abbild davon.
Ich werde es aber wiederfinden,
wenn ich guten Willens für den Geist
durch des Todes Pforten gegangen.

Die Bedeutung der Meditation

Wie kann man die Beziehung zu diesem höheren Ich pflegen? Das geht nicht mit intellektuellem Denken. Das Denken muss intensiver, beweglicher, lebendiger werden, zum Beispiel in der Meditation. Eine genaue Meditationsanleitung finden Sie im Anhang. Manche mögen damit allein den Einstieg in die Meditation finden. Falls nicht, empfiehlt es sich, zu Beginn einen entsprechenden Kurs zu besuchen. Im Meditieren lösen wir uns zunächst von den »alten« spontan aufgetretenen Gefühlen, lassen alles los und sammeln die Denkkraft in einer Konzentrationsbewegung. Wir halten uns in dieser Konzentration wie in einem inneren Mittelpunkt, während am Rande unseres Bewusstseins Gedanken und Gefühle kommen und gehen. Wir registrieren diese, verbinden uns aber nicht damit, sondern lassen sie weiterziehen.

Bildhaft gesprochen halten wir uns innerlich in dieser Konzentriertheit in einer Aufrichtebewegung, während »unter uns« die Gefühle wogen. Wir halten uns mit dem Denken wie an einem Ast, während die Gefühlsfluten des Lebens um uns herum weiterströmen und uns mitreißen wollen. Aber wir halten uns fest! Hier ist die Brücke zu den biblischen Worten, in denen der Glaube Halt gibt und heilt.

Die fokussierte Denkkraft wird dann wieder »weicher«, fühlender und wandelt sich zur fühlenden Aufmerksamkeit. Bewusst geführtes Denken, das mit Fühlen verbunden ist, wird offen für das Erleben von etwas Neuem. Wie beschrieben, neigen wir dazu, im konventionellen Denken feste Gedankenformen zu bilden, die uns dann immer wieder vom Unbewussten angeboten werden. In der Meditation intensivieren wir die Denkkraft, indem wir die im Fühlen noch wirksamen Stoffwechselkräfte behutsam in den gewählten Gedanken hineinfließen lassen, wodurch das Bild kraftvoller und lebendiger wird. Dieses Erleben kann sich dann wieder in uns körperlich einprägen. Tatsächlich zeigen die Bilder des arbeitenden Gehirns von meditierenden Menschen veränderte Aktivitätsmuster. Wir können also durchaus in uns neue Schemata anlegen, sogenannte Ressourcen, die unsere Grundstimmung beeinflussen. Wir gestalten dadurch den eingangs beschriebenen stimmungsmäßigen Untergrund, der unser aktuelles Gefühlsleben längerfristig stützt und trägt. Das Gefühl in der Meditation ist eine sehr intensive positive Verbundenheit mit sich selbst, aber in einer gänzlich unegoistischen Weise. Es ist das Gefühl, ruhig, kraftvoll, zentriert »da zu sein«. Es ist der Ausgangspunkt von einem Glücksgefühl, das nicht von äußeren Umständen abhängig ist – und damit die immer verfügbare und unerschöpfliche Quelle seelischer Gesundheit.

Achtsamkeit im Alltag

Neben diesen intensiven Besinnungsmomenten in der Meditation ist es im Alltag hilfreich, auch *»informell« Achtsamkeit* zu üben, um den neuen, selbst gewählten Zielen den Zugang ins Leben zu öffnen. Achtsam sein bedeutet eine liebevolle, nicht wertende Begleitung dessen, was wir gerade tun, ohne es ändern zu wollen. Wer dies nicht spontan kann (viele können sich innerlich ganz gut »über die Schulter schauen«), sei an die »Lenorfrau« aus der Fernsehwerbung der siebziger Jahre erinnert. Damals trat aus einer Frauenfigur ein Schatten heraus, der sich mit der Frau selbst unterhielt. Achtsamkeit ist eine Variante dieser inneren Selbstbegegnung. Sie können sich auch vorstellen, sich gerade im Moment aus den Augen eines lieben Freundes oder eines weisen Menschen von außen anzuschauen. Notfalls können Sie sich auch vorstellen, dass Sie von einer Kamera gefilmt würden, durch die Sie auf sich selbst schauen (das sollte dann aber eine liebevoll-wohlwollende Kamera sein). Nehmen Sie das Bild, das Ihnen am ehesten ein Gefühl dafür vermittelt, um was es geht. Diese achtsame Selbstbegleitung kann verbunden sein mit einem freundlich-sachlichen Kommentar, zum Beispiel: »Da ist gerade Ungeduld in dir; du gehst sehr schnell; du bist etwas angespannt« etc. Es sei noch einmal betont, dass es nicht um *Bewertungen*, sondern um *Beschreibungen* geht, also einfach um ein Benennen dessen, was da ist. Erkennen, wie es sich anfühlt, anerkennen, dass es da ist – und dann loslassen. Aber nicht urteilen, denn das (negative) Urteil bindet Sie an den Eindruck, den Sie ja eigentlich *nicht* haben wollen. Wenn Sie diese Übung machen, werden Sie sehen, dass das Urteilen ungeheuer schnell und automatisch geschieht. Nehmen Sie bitte auch das achtsam-nichtwertend zur Kenntnis und üben Sie weiter, nicht zu urteilen!

Besonders das Anerkennen, die Akzeptanz mindert die innere Spannung. In dem Moment, wo Sie etwas bewerten, erhöhen Sie die innere Spannung, eine Akzeptanz hingegen mindert sie (siehe Abb. 3 auf Seite 33). Es ist sowieso so, wie es ist! Warum sollen wir damit hadern – erkennen wir es doch einfach an.

Auch in der Trauerarbeit spielt die Akzeptanz eine große Rolle. Solange wir mit dem Geschehenen hadern, sind wir unfrei. Erst wenn wir das Geschehene anerkennen, sind wir frei, die Gegenwart neu zu gestalten. Zur Verdeutlichung, welche befreiende Macht die radikale *Akzeptanz* hat, möchte ich Ihnen eine weitere Übung vorschlagen. Versuchen Sie einmal, nicht zu kratzen, wenn es juckt. Am besten klappt es, wenn es keinen körperlichen Grund für das Jucken gibt (wie z.B. Mückenstiche), sondern es sich um ein spontan auftretendes Juckgefühl handelt. Solange Sie sich innerlich mit dem

Gedanken beschäftigen, dass das Jucken aufhören solle und sie am liebsten kratzen würden, wird das Jucken immer weiter zunehmen. In dem Moment, wo Sie radikal akzeptieren, dass es juckt, Sie aber dennoch nicht kratzen werden, egal was passiert, lässt das Jucken nach einer kürzeren oder längeren Zeit nach. Es ist, als ob es sich enttäuscht zurückziehen würde, weil es erkennt, dass es keine Chance hat. Das klappt aber nur, wenn wir wirklich bedingungslos akzeptieren, dass es juckt, uns nicht mehr innerlich dagegen wehren und hoffen, dass es doch noch aufhören möge. Wir müssen uns innerlich sagen: »Lass es nur doll jucken, ich werde auf jeden Fall nicht kratzen, egal was passiert. Je mehr es juckt, desto besser kann ich üben!« Viktor E. Frankl beschrieb dieses Vorgehen als »paradoxe Intention« und hat es als ein wirksames Therapieverfahren in der Psychotherapie etabliert. Probieren Sie es einfach einmal aus!

Spannungsreduktion durch Akzeptanz

Anerkennen, was man nicht ändern kann, die alten Wunschvorstellungen loslassen, ist ein wichtiger Weg zur Spannungsreduktion und zur inneren Versöhnung und damit zur seelischen und letztlich auch körperlichen Gesundheit. Das können wir vom Buddhismus lernen. Und dann dürfen wir als westliche Menschen ja auch noch das ändern, was wir beeinflussen können. Dazu müssen wir erst aus den alten, verkrampften Kompensations- oder Vermeidungsmustern heraus. Der Vorgang ist so ähnlich wie beim Bremsen eines Autos zu jener Zeit, als es noch kein Antiblockiersystem gab. Man musste zunächst gegen das innere Gefühl den Fuß von der Bremse nehmen, um das Auto wieder lenken zu können, und danach weiter abbremsen. Auf das Seelenleben bezogen heißt das: Raus aus dem alten Gefühl, Benennen, Erkennen, Anerkennen – und dann in aller Ruhe entscheiden, wovon man sich trennen möchte, d.h. wovon man sich weg- bzw. ablenken will. Anschließend kann man ein neues, frei gewähltes Erlebensmuster in das Gedächtnis »einbrennen«.

Damit haben wir den Veränderungsbogen geschlossen. Wenn Sie die Anfangsbuchstaben hintereinander lesen, ergibt sich Folgendes:

Benennen
Erkennen
Anerkennen
Trennen
Einbrennen

– die Anfangsbuchstaben des Wortes »BEATE«, lateinisch »die Glückliche«. In Abbildung 13 auf Seite 116 ist das Beschriebene noch einmal zusammenfassend dargestellt. *Benennen* heißt: Überall da, wo ich durch meine Achtsamkeitshaltung bemerke, dass ich emotional beteiligt bin, werde ich hellhörig, halte kurz inne und prüfe: Was ist das für ein Gefühl? Aha, das ist Angst oder Ungeduld, Wut, Traurigkeit, Anspannung usw.

Im *Erkennen* fragen wir uns: Wo kommt das Gefühl jetzt her? Kommt es wirklich aus der Situation oder schwingen aktualisierte, alte Schemata mit? Sehe ich die Situation aus den Augen des gekränkten, verlassenen»inneren Kindes«?

Durch das *Anerkennen* reduziere ich die Anspannung und bekomme den Kopf frei für eine sachlichere, »erwachsenere« Einschätzung und Bewertung: Ich *habe* zwar das Gefühl, aber ich *bin* nicht (nur) das Gefühl, sondern wenn ich etwas tue, kann ich das Gefühl verändern.

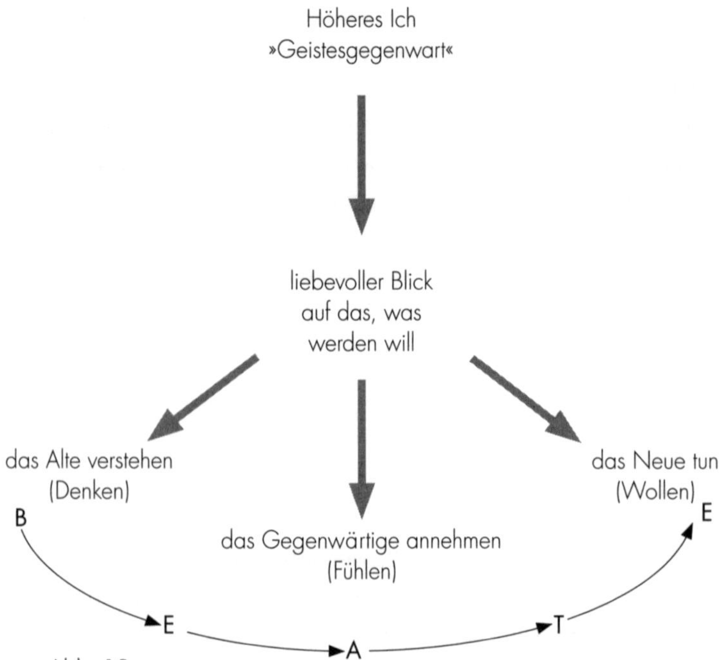

Abb. 13

Aus dieser relativen inneren Distanz heraus kann ich dann besser entscheiden, wovon ich mich *trennen* und welche Verhaltensweisen ich durch *Einbrennen* verstärken will.

Lenkung der Aufmerksamkeit

Um glücklicher zu werden, dürfen und können wir unsere Aufmerksamkeit ablenken von den spontan auftretenden, unangenehmen, unfruchtbaren Gefühlen und sie hinlenken zu nährenden, tragenden Gefühlen. Wir können und dürfen uns vom Alten lösen und uns dem zuwenden, was uns weiter bringt auf unserem Lebensweg und uns gut tut. Das hat nichts mit Verdrängung zu tun, da wir ja genau wissen, wovon wir uns bewusst abwenden, weil es uns nicht gut tut. Es ist richtig und wichtig, dass wir kurz hinschauen, um das Gefühl erkennen und benennen zu können, aber dann hilft es nicht weiter, intensiv in diesem Gefühl zu bleiben. Davon, dass ich mich meiner Trauer hingebe, geht die Trauer nicht weg. Das ist wie mit tobenden Kindern, die auch nicht von allein aufhören zu toben. Sie hören entweder auf, wenn sie sich irgendwo wehgetan haben oder wenn die Erwachsenen sie zu einer anderen Tätigkeit hinführen. Wenn wir uns keine »blutige Stirn« holen wollen, ist es sinnvoll, dass wir uns selbst ablenken im Sinne einer guten Selbstfürsorge. Dadurch bahnen wir neue Erlebensweisen in uns und können uns erfolgreich verändern. Ältere psychologische Modelle, die davon ausgehen, dass sich unausgelebte Gefühle aufstauen, sind nicht richtig, denn der Mensch funktioniert nicht wie ein Dampfkessel. Gefühle werden dadurch verstärkt bzw. gebahnt, dass sie wiederholt und intensiv erlebt werden. Das ist so ähnlich wie mit Trampelpfaden über eine Wiese: Je öfter Menschen über diese Wiese gehen, umso breiter wird der Weg ausgetreten. Die Menschen werden von sich aus nicht aufhören, diesen Weg zu gehen. Wenn wir aber wollen, dass die Menschen (oder unsere Gefühle) neue Wege gehen, müssen wir die alten Wege sperren und sie auf die neuen Wege ablenken. Das mag die Menschen am Anfang irritieren und sie werden sich etwas dagegen wehren, aber letztlich werden sie sich daran gewöhnen. So entstehen Veränderungen. Veränderungen gelingen besser, wenn es uns dabei gut geht, nicht wenn wir leiden. Im nächsten Kapitel werden Möglichkeiten dafür beschrieben.

Neuformung

Die Überwindung der Selbstbezogenheit – der Blick in die Umwelt

Eine Hilfe, unser Seelenleben von den schmerzhaften inneren, vergangenheitsbezogenen Vorstellungen zu lösen, ist, unvoreingenommen in unsere Umwelt hineinzuschauen – wieder staunen zu lernen, ähnlich wie es Kinder tun. Durch die beschriebene, konstitutionelle Tendenz zur Selbstzentrierung haben wir diesen natürlichen Umweltbezug zu rasch verloren. Durch die Achtsamkeitsübung lösen wir uns von dieser Überidentifikation mit unserem eigenen körpernah-begehrenden Erleben und öffnen uns wieder für die ursprünglich »vorgesehenen« umkreisbezogeneren Wahrnehmungen. Dadurch öffnen wir uns auch für die positiven, belebenden Kräfte, die um uns herum wirken. Was erfrischt und belebt uns denn an der Natur, an schöner Musik, an einem guten Gespräch? Dass wir die Kraft der *guten* Natur, der *schönen* Musik oder eines *wahren* Gedanken haben auf uns wirken lassen, uns geöffnet, uns anvertraut haben. Wir sind dann mit unserem Erleben ganz bei der Musik, werden innerlich eins mit ihr. Dadurch prägt sie sich uns ein, bereichert uns. Gute Gespräche sind »wesentlich«: Wir fragen nach dem, was den anderen wirklich bewegt, und erzählen selbst davon, was uns wichtig ist. Die Hingabe an das »Gute« um uns gibt uns Kraft, während das Grübeln in der eigenen Seele uns lähmt. Es ist wichtig, diese Erkraftung bewusst mitzuerleben und sich daran zu freuen. Dieses bewusste Miterleben unserer inneren Gefühlsantworten auf das Erlebte kann den Sinn dafür stärken, was uns längerfristig gut tut und die Seele »nährt«, im Gegensatz zum seelischen »Fast-Food«, das zwar kurzfristig die Seele kitzelt, aber nicht wirklich satt macht. Wenn wir diesen seelischen »Qualitätssinn« ausgebildet haben, haben wir darin einen »inneren Führer«, der uns zu den Quellen der Kraft um uns führen kann.

Wie können wir Kraft auftanken?

Folgende Fragen können Ihnen helfen, Ihrem Lebenssinn »auf die Schliche« zu kommen (Sie sollten die Antworten aufschreiben, um Ihrem »inneren Führer« zu helfen):

- Wann in der Vergangenheit haben Sie ein Gefühl von Sinn erlebt? (Möglichst genaue Situationen angeben mit konkreten Beispielen.)
- Was haben Sie damals dazu beigetragen, dass die Situationen »gut« waren?
- Woher haben Sie damals die Kraft bzw. die Zuversicht genommen?

Es wurde schon erwähnt, dass wir in der ersten Lebenshälfte – sogar manchmal gegen große äußere Widerstände – Vertrauenskräfte zur Verfügung hatten. Diese Kräfte hatten uns geholfen, Beziehungen einzugehen und positiv zu gestalten (siehe die linke Spalte in Tabelle 2). Manchmal waren wir dabei sogar *zu* vertrauensvoll bzw. blauäugig und wurden dann enttäuscht.

Erste Lebenshälfte	Zweite Lebenshälfte
auf die Welt zugehen	Rückzug ins Innere / Geistige
Inkarnation Frühling / Sommer	Exkarnation Herbst / Winter
geschenkte Gesundheit	zunehmende körperliche Einschränkung
unbewusstes Vertrauen auf Sinn bzw. eine gute Weltordnung	bewusstes Hereinholen der guten Kräfte / bzw. sich anvertrauen

In der zweiten Lebenshälfte ziehen sich die geborgten positiven Kräfte von uns zurück und wir müssen zunehmend selbst aktiv werden, um Harmonie und Sinn-Gefühle zu erleben. Die folgenden Fragen können uns dabei helfen:

- Wo sind um uns herum gute Kräfte wirksam, denen wir uns anvertrauen können (z.B. in der Natur, im Garten, im Umgang mit Kindern oder Tieren)?
- Gibt es gute innere Bilder/Gedanken, die wir aufrufen können (z.B. schöne Erinnerungen, Imaginationen, Gebete)?
- Gibt es konkrete Tätigkeiten, bei denen wir uns im Einklang fühlen mit uns (künstlerisches oder handwerkliches Tun, Bewegung, intensive Begegnungen mit anderen Menschen)?

Die drei Quellen der Kraft

Auf drei Wegen können wir uns aus dem inneren Gefängnis in unserer Seele befreien: *das »Gute« tun, das »Schöne« fühlen, das »Wahre« denken.* Diese drei Wege werden hier zunächst nur kurz genannt und im weiteren Text ausführlicher betrachtet. Zur Veranschaulichung können Sie noch einmal die Abbildung 7 auf Seite 61 betrachten.

Das *Gute tun* bedeutet, wenn wir uns für eine Tätigkeit entschieden haben, diese aus »ganzem Herzen« zu tun, ohne gleichzeitig darüber nachzudenken, wie wir uns dabei fühlen oder ob es jetzt auch das »Richtige« ist. Zweifeln ist das Gegenteil von Tun. In manchen Lebenssituationen kann es uns über schwierige Zeiten hinwegbringen, wenn wir einfach unsere Tätigkeiten ohne viel Nachdenken weitermachen. Daher kann es durchaus therapeutisch wirken, in schlechten Zeiten die Wohnung aufzuräumen, Sport zu machen oder den Garten umzugraben – gerade auch dann, wenn man vom Gefühl her eigentlich keine Lust dazu hat. Aus demselben Grunde ist es wichtig, gerade wenn wir uns schlecht fühlen, uns nicht vom Leben zurückzuziehen, sondern möglichst viele Aktivitäten »durchzuziehen«. Zum einen bringt uns das auf andere Gedanken, zum anderen öffnen wir uns dadurch für neue Lebensimpulse.

Das *Schöne fühlen* bedeutet, uns bewusst dem Erleben einer positiven Umgebung hinzugeben, indem wir zum Beispiel in der Natur spazieren gehen und diese dabei bewusst beobachten, konzentriert Musik hören oder lesen oder auch intensive Gespräche mit anderen Menschen führen. Wichtig ist dabei, dass wir mit unserem Erleben nicht auf uns bezogen sind, sondern soweit wie möglich in das Gegenüber eintauchen. Dadurch strömen die positiven Kräfte der Umgebung in unsere Seele hinein und »stimmen uns um«. Wir sind »bewegt«. Natürlich lässt die Wirkung mehr oder weniger schnell wieder nach, wenn wir uns mit unserem Bewusstsein wieder in unseren inneren Mittelpunkt zurückbegeben, aber wir können ja immer wieder den Weg in unseren Umkreis einschlagen, wie es im nächsten Kapitel ausgeführt wird.

Das *Wahre denken* meint, dass wir uns nicht von den automatisch in unserem Bewusstsein ablaufenden Gedanken und den daraus resultierenden Stimmungen bestimmen lassen, sondern dass wir uns mit etwas Übung bewusst positiven Gedanken zuwenden, bis hin zu meditativen oder religiösen Gedanken und Bildern, die dann auch eine entsprechende positive Rückwirkung auf unser Bewusstsein haben. Auch hier ein Spruch von Rudolf Steiner, der das Gemeinte verdeutlicht:

> Das Schöne bewundern, das Wahre behüten,
> das Edle verehren, das Gute beschließen:
> Es führet den Menschen im Leben zu Zielen,
> im Handeln zum Rechten,
> im Fühlen zum Frieden,
> im Denken zum Lichte;
> und lehret ihn Vertrauen auf göttliches Walten,
> in allem was ist,
> im Weltall, im Seelengrund.

Anfangs können wir die Aufmerksamkeit in dieser Intensität vielleicht nur eine halbe bis eine Minute beim Tun, Mitfühlen oder einen bewusst gewählten Gedanken halten. Wichtig ist hierbei das Erleben, dass es *prinzipiell* geht. Dann können wir diese Haltung immer wieder neu einnehmen und haben dadurch praktisch immer Zugang zu gesunden Kräften, so oft wir es wollen – oder brauchen!

Die inneren Bilder und Gedanken pflegen

Haben wir diese guten seelischen Erlebnisse ganz bewusst wahrgenommen, können wir in einem weiteren Schritt, auch wenn wir allein sind, gezielt die Situationen als innere Vorstellung wieder hervorrufen. Je intensiver wir mit unserer Aufmerksamkeit das Erlebnis angeschaut haben, dem wir uns zuvor in der Wahrnehmung hingaben, umso intensiver wird das seelische Erlebnis wieder in uns auferstehen können. Im künstlerischen Tun üben wir dieses bewusste Hingeben, Wahrnehmen und Nachklingen-Lassen. Und jede gelungene, kraftvolle, innere »Wiederbelebung« stärkt das innere Bild. So haben wir eine Quelle guter Gefühle in uns geschaffen.

Erleben ist eine Wirklichkeit, unsere erlebte Wirklichkeit in diesem Moment. Es gibt keine andere Wirklichkeit in unserer Seele als die, die wir im Moment im Bewusstsein haben. Entweder wir nehmen sie passiv hin oder wir schaffen sie bewusst selbst! Dieses bewusste Auferstehenlassen *positiver innerer Bilder* verstärkt bzw. trainiert das, was wir im Alltagsleben tun, wenn wir uns an schöne Erlebnisse erinnern.

Es ist ein langer Weg, bis wir Herr über unsere Gedanken und Gefühle werden, aber irgendwann sollten wir damit anfangen. Wir müssen uns entschlossen von den negativen Grübelgedanken distanzieren, sie unterbrechen oder sie sogar als sinnlosen »Gedanken-Müll« erkennen und ihnen ihre lähmende Macht nehmen, indem wir sie wie einen äußeren Feind anschauen und behandeln: Wir wollen nicht mehr, dass uns diese »Dämonen« quälen! Dann müssen wir sie konsequent loslassen. Anschließend wählen wir uns einen positiven Gedankeninhalt (ein inneres Bild, eine Meditation, einen Spruch, ein Gebet) und halten es mit unserer Aufmerksamkeitskraft im Bewusstsein fest – auch wenn die »Dämonen« uns herunterziehen wollen. Wir nehmen immer wieder einen neuen Anlauf – nur nicht aufgeben! Auch das Laufenlernen hat Zeit gebraucht. Und »gutes Denken« will ebenfalls gelernt und geübt sein. Seien Sie nicht zu streng und ungeduldig mit sich, sondern akzeptieren Sie sich als Lernende(n)! Zusätzlich können wir uns Kraft und Ermutigung an »gesunden Orten« holen: in der Natur, beim künstlerischen Tun, im guten Gesprächen. Jedes Mal, wenn wir es schaffen, einen nicht gewollten Gedanken loszulassen und durch einen positiven, selbst geschaffenen zu ersetzen, haben wir einen Schritt auf dem Weg getan, Herr in unserem eigenen Seelenhaus zu werden. Als Unterstützung sei hier ein Abendgebet unbekannter Herkunft gegeben:

Michael-Gebet

Ich trage mein Leid in die sinkende Sonne,
lege all meine Sorgen in ihren leuchtenden Schoß.
In Liebe geläutert,
im Lichte gewandelt
kehren sie wieder als helfende Gedanken,
als Kraft zu opferfreudigen Taten.

Das Vertrauen auf eine höhere Macht – das innere Gebet

Wir können nun noch einen Schritt weiter gehen und uns fragen, wem wir die Welt um uns, uns selbst und unsere Fähigkeit, aus eigener Kraft zu denken, eigentlich verdanken. Hier betreten wir wieder die Ebene weltanschaulicher bzw. religiöser Vorstellungen. Es gibt deren viele. Allen ist gemeinsam, dass sie etwas Größeres, Mächtigeres als uns anerkennen. Sofern es »gut« ist, können wir uns ihm anvertrauen, egal ob wir es »Gott« bzw. »Christus« nennen, »Schicksal« oder »gute Energie«.

Sofern wir es Schicksal nennen, können wir ihm sowieso nicht entrinnen. Wieso sich ihm dann nicht gleich hingeben?! Ist es eine gute Kraft, können wir uns ihr erst recht anvertrauen: »Dein Wille geschehe.« Aber wir können auch um Hilfe bitten: »Herr Jesus Christus, durchdringe mich mit Deiner Kraft« oder »Herr Jesus Christus, gib mir Gelassenheit«. Es ist nicht leicht, innerlich wirklich loszulassen – es ist wie ein Sprung ins kalte Wasser. Aber wenn wir die Vorstellung, unser Schicksal selbst ordnen oder kontrollieren zu können, für einen Moment aufgeben, kehrt Ruhe in die Seele ein. Es ist, als wenn man etwas loslässt, das man vorher verkrampft festgehalten hat. Anders ausgedrückt könnte man sagen: Ängste entstehen, wenn wir merken, dass Kontrolle zur Illusion wird. Vertrauen auf etwas, was mächtiger ist als wir, kann uns Kraft geben. Oder anders gesagt: Kontrolle ist gut – Vertrauen ist besser! Auch zu diesem Gedanken gibt es ein Gebet aus unbekannter Quelle:

Ergebenheitsstimmung (gekürzt)

Was auch kommt,
was mir auch die nächste Stunde,
der nächste Morgen bringen mag,
ich kann es zunächst,
wenn es mir unbekannt ist,
durch keine Furcht ändern.
Ich erwarte es mit vollkommener Seelenruhe des Gemüts.

Durch Angst und Furcht
wird unsere Entwicklung gehemmt,
wir weisen durch die Wellen der Furcht zurück,
was in unsere Seele aus der Zukunft hinein will.
Die Hingabe an die Gewissheit,
dass das, was kommen wird, sein muss,
und dass es auch nach irgendeiner Richtung
seine guten Wirkungen haben müsse,
das gehört zu dem, was wir in dieser Zeit lernen müssen:
Aus reinem Vertrauen zu leben
in die immer gegenwärtige Hilfe der geistigen Welt!

Ein inneres Gebet können wir immer wieder und jederzeit sprechen. Da wir nur einen Gedanken zu einer Zeit haben können, bleibt kein Platz mehr in unserem Bewusstsein für Angstgedanken oder Sorgen, wenn die guten Gedanken diesen einen Platz besetzt halten. Dadurch können wir die negativen Gedanken aus unserem Bewusstsein verbannen, auch wenn das viel Kraft und Konzentration kostet. Dann kehrt Ruhe in unsere Seele ein, zumindest für den Moment, in dem wir das innere Gebet sprechen. Wenn wir dies ausdauernd genug üben, haben wir immer einen »inneren Helfer« im Kampf gegen den »Sorgendrachen«. Diese innere Arbeit hat in allen Religionen Tradition: In der orthodoxen Kirche spricht man vom Herzensgebet. Aber auch das Beten des Rosenkranzes oder die tibetischen Gebetsmühlen verfolgen denselben Zweck.

Die richtige Einstellung zum Tun

Kennen Sie das: Der ganze Tag ist voller lästiger Routinearbeiten! Sie versuchen gehetzt oder genervt diese Arbeiten möglichst schnell hinter sich zu bringen, um dann endlich Zeit für das »Eigentliche« zu haben. Wenn es dann soweit ist, sind wir innerlich so angespannt und verkrampft, dass wir uns für das, was wir genießen wollen, gar nicht mehr öffnen können. Manchmal machen wir im Freizeitbereich genauso verkrampft und angespannt weiter, weil wir aus unserer Schublade, unserem Kompensationsmuster, nicht mehr herauskommen. Bloß nicht zur Ruhe und zum Fühlen kommen! Woran liegt das?

Wir haben uns innerlich nicht auf die Tätigkeiten eingelassen, haben uns seelisch von ihnen zurückgezogen, gewissermaßen abgespalten und betäubt. Wir waren mit den Gedanken nicht »bei der Sache«, sondern woanders und haben die Dinge nur mechanisch erledigt. Dieser aufgespaltene Zustand schnürt uns von der Umwelt ab, lähmt unsere Willenskräfte und macht uns nervös. Das Gegenteil können wir erleben, wenn wir ganz (d.h. mit Denken, Fühlen und Wollen) ins Tun eintauchen: zum Beispiel bei intensiven körperlichen Betätigungen wie bei Spiel und Sport oder Ähnlichem. Wir sind ganz bei der Sache, die Zeit vergeht wie im Fluge, wir sind eins mit dem, was wir tun – wir sind »begeistert«. Wir tauchen ein in die Kräfte um uns herum. Diese Kräfte tragen uns, geben uns Kraft. Die Verbindung mit diesen (guten) Kräften erleben wir als »sinnvoll«. In der Psychologie spricht man vom »Flow-Erlebnis«. Das kann sich auch beim begeisterten Arbeiten einstellen. Wir haben diesen Zustand »Eustress« genannt. Er ist durchaus gesund, solange der Organismus Pausen zum Atemholen und Entspannen bekommt.

Flow-Erleben zeichnet sich dadurch aus, dass die ausgeübte Betätigung als Herausforderung erlebt wird, die aber bewältigbar ist. Die angestrebten Ziele müssen also kurzfristig erreichbar und mit einer unmittelbar als positiv erlebten Rückmeldung verbunden sein. Zwölf Schritte zur guten Selbstorganisation, die dazu beitragen können, Flow-Erlebnisse zu haben, finden Sie ab Seite 160.

Man kann diese intensive Art des Tuns im Sinne von Joseph Beuys auch als künstlerisches Tun bezeichnen. Eine künstlerische Handlung kann jede Handlung sein, die wir bewusst und liebevoll ausführen. Das gilt auch für das Abwaschen und Kartoffelschälen. Wenn wir solche – für das Leben notwendigen – Handlungen nur ungeduldig und lieblos hinter uns bringen wollen, nehmen wir ihnen die Würde und die Daseinsberechtigung. Diese Lieblosigkeit strahlt auf uns zurück und macht uns gereizt und »gefrustet«. Versuchen Sie doch einmal, sich auf eine notwendige Routinehandlung wirklich einzulassen, sie mit gelassener Aufmerksamkeit, mit Hingabe – wie eine Meditation – auszuüben. Oder hören Sie dabei Musik und machen eine »Abwasch-Party« daraus. Nutzen Sie lästige Wartezeiten für eine Meditation oder eine Entspannungsübung. Machen Sie neue Anfänge – trotz Ihrer Sorgen, Ihrer Schmerzen, Ihrer Schlafprobleme. Erst wenn wir das Erlebnis haben, wenigstens einigermaßen Herr in unserer Seele zu sein und unsere Stimmung besser steuern zu können, befinden wir uns nicht mehr andauernd in einem lähmenden Abwehrkampf gegen schlechte Gefühle. Wir brauchen nicht mehr große Teile unserer Kraft, um uns selbst bei Laune zu halten, sondern es entsteht ein Freiraum, aus dem heraus wir uns fragen können, was wir »eigentlich« tun wollen.

Zusammenfassung: Wege zum Wahren, Schönen und Guten

Sinn bzw. Glück sind immer persönlich erlebt, weisen aber über uns hinaus, verbinden uns mit etwas Größerem. Daher fühlen wir uns bereichert, wenn wir etwas als sinnvoll erleben. Wir erleben Sinn unmittelbar als sogenanntes »Evidenzgefühl«, man kann darüber nicht diskutieren. Sinn erleben ist, wie in einem Lichtschein stehen: entweder man ist drinnen und sieht das Licht oder man ist draußen im Dunkeln. Wir können Sinn in drei verschiedenen Bereichen erleben: in unserem Denken, in unserem Fühlen und in dem, was wir tun (wollen).

Im *Denken* erleben wir Sinn, wenn wir *wahre* Gedanken denken, wenn wir Zusammenhänge verstehen, wenn wir etwas Gehaltvolles lernen oder lesen. Wahre Gedanken sind wie die Wurzeln einer Pflanze: Sie geben unserem Seelenleben Halt und Nahrung. Dazu gehören auch unsere Werte. Sie sind der Grund, der uns trägt.

Im *Fühlen* erleben wir Sinn, wenn wir in etwas *Schönes*

miterlebend eintauchen und zum Beispiel ein Kunstwerk auf uns wirken lassen. Die Summe der bewusst herbeigeführten guten Gefühle bildet unsere Grundstimmung (siehe Abbildung 1 auf Seite 21).

Im künstlerischen *Tun* setze ich selbst etwas Schönes aus mir heraus und schenke es der Welt. Indem wir mit oder für andere etwas *Gutes tun*, bereichern wir die Welt. So wie die Pflanze uns mit ihren Früchten ernährt, ernähren wir uns gegenseitig durch unsere guten, liebevollen Taten. Diese guten Taten führen zu Momenten intensiven freudvollen Erlebens. Im Alter können diese Bestätigungen die körperlich herbeigeführten intensiven Glückserlebnisse der ersten Lebensabschnitte ersetzen. Dadurch werden wir von sinnlich-körperlichen Genüssen zunehmend unabhängiger.

Letztlich gilt auch hier: Die Dosis macht das Gift! Denken, Fühlen, Tun/Wollen müssen ausgewogen und frei sein, wenn wir im Lichtkegel des Sinns bleiben wollen. Alle Einseitigkeiten führen in die Krankheit, ins Dunkel (siehe Tabelle 3).

	Denken	Fühlen	Wollen
Sinn	wahres, lebendiges Denken	schönes (Mit-) Erleben	freies, gutes Tun
Nützlichkeitsperspektive	abstraktes, kaltes Denken	Genuss als Selbstzweck	erfolgsbezogenes Handeln
Un-Sinn (Krankheit) (Unfreiheit)	gefangenes Denken (Grübeln, Zwänge, Illusionen)	Sucht, Gier	sich von anderen abhängig machen, Burnout

Wenn wir zu sehr in unserem Denken verhaftet sind, laufen wir Gefahr, uns in Illusionen, Schwärmereien oder im Grübeln zu verlieren.
Wenn das erlebende Eintauchen in etwas Schönes zu stark wird, besteht die Gefahr, dass wir immer mehr davon wollen und in eine süchtige Abhängigkeit vom Genuss des guten Gefühls geraten.

Wenn wir uns im Tun für andere verlieren, auch wenn es noch so gut gemeint ist, laufen wir Gefahr, uns auszubrennen. Wenn wir die Dinge nicht um ihrer selbst willen tun, sondern um von den anderen Anerkennung zu bekommen, machen wir uns von der Umgebung abhängig, sind in unserem Tun unfrei geworden und aus dem Sinn herausgefallen. Wir sind im Sinn, wenn wir unsere Seelenkräfte frei führen können zwischen verstehender Reflexion, mitfühlender Hingabe und wohlwollendem Handeln. Alles zu seiner Zeit und im richtigen Maß!

Innerer Dialog

Wie lassen sich bessere Lösungen finden?

Um die individuell und situativ angemessene Balance zu finden, brauchen wir den erwähnten Regisseur bzw. Reiter, der uns innerlich führt (siehe Abb. 7 auf Seite 61). Der Weg des Erkennens der Schemata wurde schon beschrieben. Zum Ablenken, zum Verändern braucht der Reiter aber einen Zügel, mit dem er das Pferd führen kann. Das kann der »innere Dialog« sein. Ohne Zügel könnte das Pferd etwas »ungehalten« reagieren bzw. einzelne Teile könnten »aus der Rolle fallen«.

Ein solcher Dialog greift aus der Achtsamkeitshaltung heraus zunächst den in uns spontan auftretenden Gedanken oder Impuls benennend auf, zum Beispiel: »Aha, ich bemerke, dass ich gerade gierig bin.« Oder: »Ich denke gerade, dass ich die Küche gründlicher putzen könnte.« Anschließend erkennen wir den Gedanken oder Impuls an und beziehen ihn auf unsere früheren Erfahrungen, zum Beispiel: »Ich kenne diese Gier in mir, weil ich immer schon das Gefühl habe, ich könnte zu kurz kommen.« Oder: »Ich neige zum Perfektionismus, weil ich früher geschimpft bekam, wenn nicht alles perfekt gemacht war.« Dann nehmen wir innerlich zu diesem alten Muster Abstand, betrachten es aus den Augen des Regisseurs und erkennen, dass wir es heute anders machen und uns von den alten Mustern trennen können. Entsprechend sagen wir zu uns: »Das ist ja früher ganz in Ordnung gewesen, aber heute können wir uns holen, was wir brauchen.« Oder: »Heute brauchen wir das nicht mehr perfekt zu machen, es bestraft uns nämlich keiner mehr.« So tun wir es und bestätigen uns nachher, dass es so gut war, damit sich die neuen Muster einschreiben können.

Eine gute Übung für den inneren Dialog ist, sich ein Blatt quer vor sich hinzulegen und in der Mitte das Blatt mit einem senkrechten Strich in eine linke und eine rechte Hälfte zu teilen. Auf die linke Seite schreiben Sie jetzt das spontan auftretende Gefühl oder den Gedanken in einer Sie belastenden Situation. Achten Sie bitte darauf, dass Sie den Gedanken nicht abschwächen, sondern sogar etwas betont aufschreiben, zum Beispiel: »Das werde ich nie schaffen!« oder »Dieser Mensch wird mich nie verstehen!« Dann versuchen Sie Abstand zu nehmen und aus den Augen des Regisseurs einen relativierenden Satz aus der »Erwachsenenperspektive« im Sinne des »Ja-aber-Prinzips« aufzuschreiben. Das heißt, im ersten Teil des Satzes nehmen Sie akzeptierend Bezug auf das aktualisierte Gefühl bzw. den Gedanken. Über das »Aber« bringen Sie jedoch die relativierende, lösungsorientierte Erwachsenenperspektive hinein, zum Beispiel: »Im Moment fühle ich mich von der Aufgabe überfordert, aber wenn ich das Problem in kleinen Schritten geduldig angehe, werde ich die Lösung schaffen.« Oder: »Dieser Mensch scheint mich nicht zu verstehen, aber wenn ich ihm noch einmal geduldig meinen Standpunkt erläutere, kann er sich vielleicht besser auf meine Sicht der Dinge einlassen.« Wenn Sie diese Prozedur für die wichtigsten bzw. problematischsten Gedanken und Gefühle gemacht haben, haben Sie die entsprechenden Antwortsätze in Ihrem »gedanklichen Werkzeugkasten«. Sie können die Antwortsätze auch auf kleine Kärtchen schreiben, die Sie im Portemonnaie mit sich tragen. Immer wenn im Alltag eines der bekannten belastenden Gefühle oder die entsprechenden Gedanken auftreten, können Sie die Karte ziehen und sich selbst den positiven bzw. lösungsorientierten Gedanken innerlich laut vorsagen. Später werden Ihnen die guten Gedanken immer leichter in den Sinn kommen.

Wenn es aber nicht nur um den Umgang mit *einem* alten Schema geht, sondern wir uns im inneren Konflikt *zwischen* zwei alten Schemata befinden, kann der innere Dialog zu einem inneren »Trialog« bzw. zu einer inneren Verhandlung zwischen verschiedenen Teilen erweitert werden.

Selbstbewusstsein durch die Akzeptanz aller Teile

Zunächst müssen alle Teile gehört werden, ohne dass von anderen »dazwischengeredet« wird. Ähnlich wie bei einem Gericht dürfen der Staatsanwalt als Vertreter des Managers und der Verteidiger des »inneren Kindes« subjektiv und leidenschaftlich ihre Positionen und Bedürfnisse darstellen.

Erst später wird die überparteiliche Vermittlungsinstanz des Richters aktiv, der sachlich, aber liebevoll, über den emotionalen Tellerrand schaut. Wie bei Gericht können zur Unterstützung dieser Funktionen die Vorstellungen anderer, weiser Personen wie »Sachverständige« herangezogen werden, um Anregungen für neue Lösungen zu bekommen. So

Die innere Bewegung in der Seele

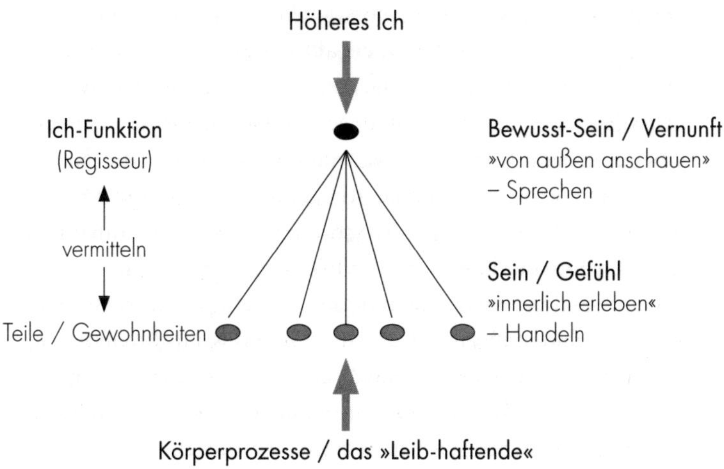

Abb. 14

können wir uns zum Beispiel fragen: »Was würde ein weiser Mensch oder unser bester Freund dazu sagen bzw. uns raten?« Diese überparteiliche, lösungsorientierte Haltung haben wir als »Ich-Funktion« bezeichnet (siehe Abb. 14). In der Ich-Funktion verwirklicht sich das höhere Ich. Wenn wir an dieser Stelle noch einmal auf den christlichen Kontext zurückgreifen, steht als überpersönliches Ideal für diese liebevoll-wohlwollende Instanz letztlich die Art und Weise, wie Christus immer wieder den Verfehlungen, Einseitigkeiten und Irrtümern verzeihend und dadurch heilend begegnete, sofern sich die Menschen zu bessern versuchten. Man könnte die Ich-Funktion demnach auch als den inneren Heiler bzw. Friedensstifter bezeichnen.

So wie ein Regisseur mit dem Ensemble arbeiten muss, das er zur Verfügung hat, und gute Eltern sich um *alle* Kinder kümmern, auch um die schwierigen, versuchen wir durch die Ich-Funktion die Bedürfnisse *aller* Teile wahrzunehmen und bei den Lösungen zu berücksichtigen. Die Ich-Funktion vermittelt »Bewusst-Sein« und steht dem Eintauchen in lustvolles oder leidenschaftliches »Sein« gegenüber. Um die Ich-Funktion zu stärken, kann man üben, Dinge erst einmal ganz sachlich zu beschreiben und noch nicht gefühlsmäßig zu bewerten. Die Bedeutung der Ich- Funktion soll aber nicht zu einseitig hervorgehoben bzw. idealisiert werden. So wie der Regisseur allein kein Theaterstück aufführen kann, sondern dazu auf seine Schauspieler und deren Rollen angewiesen ist, ist das Ich allein ohne Lebenskraft. Aber es kann und muss die Rollen bzw. Teile effektiv im Sinne des Ganzen einsetzen, damit ein gutes Stück entsteht, sich eine gute Lebensqualität entwickelt. Dazu darf es nicht parteilich sein.

Innere Kompromisse finden

Bei vielen Menschen ist die Ich-Funktion anfangs meist sehr eng mit dem »inneren Manager« verbunden, der für eine gute Außenanpassung sorgt. Unangenehme Gefühle bzw. Störungssymptome werden als »ich-fremd« erlebt und sollen zum Beispiel von Ärzten oder Therapeuten »weggemacht« werden, so wie man ein unliebsames, störendes Kind »still stellen« will, damit man selbst besser funktionieren kann. Dadurch würden aber wichtige Entwicklungschancen der ganzen Person vertan. Es ist auf lange Sicht fruchtbarer, die starren Bewältigungsschemata (siehe Abb. 10 auf Seite 91) aufzulösen, das kreativ-lustvolle und das aggressiv-kraftvolle Potenzial des Kindes einzubeziehen und ihm einen angemessenen Platz im Leben zuzuweisen (siehe auch Seite 96). Damit alle Teile ihren angemessenen und berechtigten Platz bekommen, ist es wichtig, zwischen ihnen zu vermitteln, also eine gesunde Mitte zu finden. Diese Mitte erreicht man in der Regel durch Kompromisse. Solche Kompromisse müssen im inneren Dialog ausgehandelt werden. Lassen Sie uns das an einigen Beispielen durchspielen: Wenn morgens der Wecker klingelt, sagt das innere Kind: »Oh Gott, heute bleibe ich im Bett!« Dann wird der Manager antworten: »Steh auf, du faule Socke, sonst bekommst du bei der Arbeit Ärger!« Ein Kompromiss könnte darin bestehen, dass man die Schlummertaste drückt und noch einmal zehn Minuten döst (was das Kind freut), aber danach schnell aufsteht (was den Manager befriedigt). Einen guten Kompromiss erkennt man übrigens daran, dass *beide* Parteien *un*zufrieden sind. Das ist gerade das Wesen des Kompromisses. Wenn *ein* Teil zufrieden ist, dann wurde vermutlich der andere Teil »untergebuttert«.

Dasselbe Prinzip kann man anwenden, wenn man mit anderen Menschen Kompromisse aushandeln will. Ein gutes Mittel sind die bereits erwähnten *»Ja-aber«-Sätze.* Zunächst erkennt man das Bedürfnis der anderen Person an, danach stellt man die eigenen Bedürfnisse daneben (nicht dagegen!). Anschließend versucht man einen Kompromiss zu finden. Wenn also zum Beispiel ein guter Freund anruft und fragt, ob Sie ihm beim Umzug helfen können, Sie aber gerade von einer anstrengenden Arbeitswoche extrem erschöpft sind und einen ruhigen Sonntag brauchen, könnte ein solches Gespräch etwa so aussehen: »Ja, es ist völlig in Ordnung, dass du mich um Hilfe bittest und im Prinzip möchte ich dir auch gerne helfen, denn du bist ja mein Freund. Dummerweise bin ich aber gerade völlig fertig und brauche dringend Erholung, damit ich nicht krank werde. Ist es für dich o.k., wenn ich dir zwei Stunden helfe?«

Am Anfang kann es wichtig sein, dass Sie nicht zu schnell antworten, weil sich dann die alten, vorgeformten Muster in Ihnen durchsetzen. Daher: Pausen einschieben zwischen Denken und Handeln! Schließlich entscheidet der Richter bei einer Gerichtsverhandlung auch nicht spontan, sondern das Gericht zieht sich erst einmal zu einer Beratung zurück. Es kann sinnvoll sein, den Freund für einen Moment zu vertrösten und zu sagen, dass man gerade nicht kann und gleich zurückruft. In der Pause überlegen Sie sich in Ruhe, wie Sie in der Situation reagieren möchte. Bedenken Sie: Gute Regiearbeit braucht ihre Zeit!

Ins Tun kommen

Wie kann Salutogenese nun konkret zu leiblicher, seelischer und geistiger Gesundheit beitragen?

a) Blicken wir zunächst auf das *körperliche Wohlbefinden*.
Wie in Abbildung 8 auf Seite 78 skizziert, gibt es im Organismus zwei Pole: den Bewusstseins- oder Nerven-Sinnes-Pol, in dem wir bewusst leben, und den Seins- oder Stoffwechsel-Pol, von dessen Tätigkeit wir im gesunden Zustand nichts mitbekommen. Die »Grenze« bildet das Zwerchfell. Wenn wir im Bauch etwas spüren, ist das ein Krankheitszeichen. Im gesunden Zustand »schlafen« wir bezüglich des Stoffwechsels. Auch von unserer Muskelfunktion bekommen wir im Normalzustand nichts mit. Wir erleben nur unsere Bewegungen als Ergebnis, haben aber kein Bewusstsein dafür, wie sie zustande kommen. Richtig wach sind wir eigentlich nur in unserem Bewusstsein.
In den Bewusstseinsprozessen und unseren bewussten Handlungen verbrauchen wir Energie, die der Stoffwechsel bereitstellt. Die Aufbautätigkeiten finden besonders nachts statt. So hat die Leber um 4.00 Uhr nachts ihre höchste Stoffwechselaktivität, während unser Bewusstsein schläft.

Körperliche Gesundheit ist an einen rhythmischen Wechsel von nächtlichem Aufbau und abbauenden Aktivitäten tagsüber gebunden. Zu wenig Schlaf führt zur Erschöpfung, zu wenig »Tagwerk« macht uns unzufrieden. Optimal ist ein angemessener Wechsel von Anspannungs- und Entspannungsphasen. Das vegetative Nervensystem hat mit dem Sympathikus und dem Parasympathikus zwei Zügel zur Verfügung, mit denen es den Stoffwechsel den Anforderungen entsprechend einstellen kann. Der rhythmische Wechsel zwischen diesen beiden Zuständen führt zu einem Gefühl der Spannkraft und Leistungsfähigkeit als leibliche Grundlage für seelisches Wohlbefinden. Dabei kann es durchaus zu kurzen Momenten der Erschöpfung kommen, wenn diese anschließend durch Erholungsphasen wieder ausgeglichen werden. Dies ist sogar gesünder als ein anhaltender Zustand von leichter Dauerspannung. Wir gewöhnen uns auch an solche Zustände von leichter Daueranspannung. Es kann daher sein, dass Sie nach dem Ende einer Anspannungsphase in der Entspannung sich zunächst etwas schlechter fühlen und die Tendenz haben, sich weiter »auf Trab« zu halten. Auch in diesen Situationen sollten wir nicht nach dem Gefühl handeln, sondern unsere Vernunft dazu einsetzen, diese kurzen Momente des Unwohlseins bzw. der Leere auszuhalten. Denn auch diese Gefühle werden rasch vorübergehen. Gelingt es uns nicht, diese kurzen Leeregefühle auszuhalten und uns auf positive Aktivitäten abzulenken, besteht die Gefahr, dass wir in süchtiger Weise weitermachen, zum Beispiel bei der Arbeitssucht.

b) Kommen wir zur *Seelenhygiene.*

Ähnlich wie bei den leiblichen Vorgängen ist auch im

Seelischen ein rhythmischer Wechsel zwischen bewusstem Wahrnehmen bzw. Aufnehmen und aktivem Gestalten fruchtbar. So wie die Nahrung müssen auch Sinneseindrücke »verdaut« und in unser Seelen- und Gedankenleben eingegliedert werden. Dazu sind Besinnungspausen zum »Nach-denken« notwendig. Andererseits stärkt es unser Selbstwertgefühl, wenn wir Dinge aktiv gestalten und beeinflussen können, um danach das Gestaltete wieder wahrzunehmen. So stellt sich ein gesunder, befriedigender Kreislauf ein. Ebenso wie bei der Nahrung müssen wir auch bei den Sinneseindrücken darauf achten, welche Qualität sie haben, was sie in uns bewirken. Beobachten Sie doch einmal, wie Sie sich fühlen, wenn Sie eine bestimmte Fernsehsendung, eine bestimmte Musik oder ein Videospiel gemacht haben und vergleichen Sie Ihre Befindlichkeit mit Ihrem Gefühl nach einem Spaziergang, einem Gespräch oder dem Lesen eines gehaltvollen Buches!

c) Noch etwas genauer müssen wir hinschauen, um die Einflüsse auf unser *Gedankenleben* zu beobachten. Wie schon erwähnt, müssen wir dabei zwischen der Denktätigkeit und den fertigen Gedanken trennen. Normalerweise bemerken wir die Denktätigkeit nicht, da es sich um eine Willenstätigkeit durch unsere Stoffwechselkräfte handelt. Die Denktätigkeit verläuft genauso geheimnisvoll wie die inneren Prozesse, die wir brauchen, um unseren Arm zu bewegen. Was da genau geschieht, wissen wir nicht, wir nehmen nur das Ergebnis (den bewegten Arm) zufrieden und mit einer gewissen Selbstverständlichkeit zur Kenntnis. Im Bild könnte man das so ausdrücken: Die fertigen Gedanken sind wie ein Haus aus Legosteinen, das man

fertig vorfindet. Denjenigen, der diese Legosteine zusammengesetzt hat, sieht man nicht. Man könnte also denken, dass die Legosteine von allein zusammengesetzt würden, ungefähr so wie bei den Kölner Heinzelmännchen! Wir merken gar nicht, dass Denken eine aktive, kräftezehrende Tätigkeit ist, so zwanglos scheinen sich die Gedanken aneinander zu reihen. Dabei kann man sich über einer schwierigen Aufgabe ganz schön den »Kopf zerbrechen«. Da wird die Anstrengung beim Denken erlebbar. Dass Denken Energie verzehrt, können Sie auch daran sehen, dass das Gehirn nur etwa 2 Prozent des Körpergewichtes ausmacht, aber ca. 20 Prozent des aufgenommenen Sauerstoffs verbraucht. Gerade diese bewussten Denktätigkeiten üben unsere Denkkraft, während das seelisch gesteuerte, passive Denken die eigene Konzentrations- und Denkfähigkeit eher schwächt und uns »zerstreut«. Konzentriertes Denken kann am Anfang genauso wehtun wie ein Muskelkater! Auch hier macht die Übung den Meister – sonst gäbe es ja auch in der Schule keinen Fortschritt beim Lernen.
Im Tageslauf stellen wir unsere Denkkraft einerseits der Verarbeitung der Sinneseindrücke zur Verfügung (siehe Abb. 9 auf Seite 87). Die Sinneseindrücke »saugen« uns gewissermaßen in die Welt. Dies bereichert unser Erleben, lenkt uns aber von unserer eigenen Identität ab. Es ist wichtig, sich an dieser Stelle klarzumachen, dass unsere Individualität im Denken beginnt, nämlich in unseren Ideen, Zielen, »Ein-fällen«. Hier kommt das Neue in uns herein, das wir erst im zweiten Schritt in unserem Tun »ver-wirklichen«, zu einer äußeren Wirklichkeit machen. Um dieses »Selbst-Bewusstsein« zu pflegen, braucht es Momente der Besinnung, des Rückzugs von der Außenwelt. Selbstbe-

wusstsein heißt ja nicht Egoismus, sondern sich klar darüber sein, wer man eigentlich ist und was man will. Dazu braucht es die erwähnten Momente der Konzentration, der Meditation oder des Gebetes.

Steigerung der Denkkraft

Die *Konzentrationskraft* kann durch folgende *Übung* gesteigert werden, bei der Sie für eine Zeit von zwei bis fünf Minuten am Tag sich ganz auf einen einfachen Gegenstand konzentrieren und keine anderen Gedanken zulassen als solche, die zu diesem Gegenstand gehören.

Stellen Sie sich einen einfachen Gegenstand (z.B. eine Kerze, einen Bleistift, einen Schlüssel o.Ä.) vor, schließen Sie die Augen und versuchen Sie, in Ihrem Bewusstsein nur Gedanken zuzulassen, die unmittelbar mit diesem Gegenstand zu tun haben. Diese Gedanken können zum Beispiel seine äußere Form betreffen, die Art, wie er hergestellt wurde, oder wozu er verwendet werden kann. Wenn sie abschweifen, ärgern Sie sich nicht. Nehmen Sie das Abschweifen gelassen zur Kenntnis und kehren Sie zur Übung zurück.

Diese Übung erlaubt Ihnen noch eine weitere interessante Beobachtung: Obwohl Sie die Denktätigkeit selbst nicht wahrnehmen können, haben Sie dennoch ein klares Gefühl, wann Sie selbst die Gedanken aneinander reihen. Das heißt, die Denkkraft folgt dem Weg, den Sie gehen wollen. Das wäre etwa so, als ob Sie beim Gassi-Gehen Ihren Hund eng an der Leine führen und er Ihnen dadurch treu folgt. Es kann Ihnen aber passieren, dass Sie bei der Übung abschweifen, ohne es zu bemerken. Der Hund bleibt an einem Häufchen stehen, während Sie weitergehen und sich die elastische Hundeleine immer weiter ausrollt, ohne dass Sie es bemerken. Sie werden erst wieder aufwachen, wenn die Hundeleine vollständig abgerollt ist und es in Ihrem Arm ruckt. Genauso bemerken Sie das Abschweifen bei der Konzentrationsübung nicht, da das assoziative Denken ebenso mühelos abläuft, wie die Träume sich im Schlaf bilden. Erst beim »Aufwachen« merken Sie, dass sie geträumt haben bzw. abgeschweift sind. Durch diese Übung können Sie die beiden beschriebenen Ebenen des assoziativen Denkens und des bewussten, ichhaften Denkens deutlich unterscheiden. Dadurch bekommen Sie ein Gefühl dafür, wie die Ich-Funktion bzw. der Regisseur arbeitet bzw. sich »anfühlt«. Bei der Übung ist das Aufwachen die Voraussetzung dafür, dass Sie die Übung richtig durchführen können. Beim Selbstveränderungsprozess sind die Momente der achtsamen Wachheit die Voraussetzung, dass Sie überhaupt einen Selbstveränderungsprozess zielgerichtet durchführen können.

Stabilisierung oder Training

Je nachdem, wie Sie die oben genannte Übung durchführen, können Sie in »guten Zeiten« damit Ihre Konzentrationskraft stärken oder sich auch in Krisenzeiten damit »über Wasser« halten. Zur *Konzentrationssteigerung* machen Sie die Übung mit geschlossenen Augen und versuchen, nicht zu sehr in Assoziationen abzuschweifen, nehmen mehrere Tage denselben Gegenstand, auch wenn es langweilig und dadurch schwieriger wird. Gerade dadurch, dass wir uns trotzdem noch konzentrieren, obwohl es langweilig ist, wächst uns Denkkraft zu. Das ist genauso wie beim Sport, wo der Kraftzuwachs an der Schmerz- bzw. Erschöpfungsgrenze am größten ist. Es gelingt besser, wenn wir den Gegenstand nicht nur innerlich »anglotzen«, sondern beispielsweise einen Löffel in einer inneren Bewegung »nachplastizieren«. So kommen wir dem Wesen des Löffels auf die Spur und entdecken, warum er genau *so* aussieht – weil er nämlich aus der Bewegung des Löffelns entstanden ist. Außerdem ist es ein Akt der liebevollen Hinwendung, einen banalen Alltagsgegenstand immer wieder »neu« anzuschauen. So fühlen wir uns in die Welt hinein, verbinden uns ehrfurchtsvoller auch mit kleinen Dingen in ihr. So kann ein religiöses Gefühl im Alltagsleben gefördert werden. Sie können aber auch einmal gedanklich durchspielen, wie weit man die Form des Löffels verändern kann, bis er seine Funktion verliert. In diesem Spannungsfeld zwischen Form und Funktion toben sich die Designer aus.

Wenn Sie diese Übung über einen Monat durchführen, werden Sie merken, dass sich Ihre Konzentrationsfähigkeit deutlich steigert. Wenn es gar nicht mehr gelingen will, akzeptieren Sie das und nehmen einen neuen Gegenstand. Die Übung soll ja nicht in »Krampf« ausarten. Auch das ist eine Parallele zum Sport! Bei ausreichender Denkkraft können Sie dann von der Konzentration zur Meditation übergehen, bei der Sie ein Bild, Wort oder Gefühl noch länger ruhig im Bewusstsein halten.

Zur *Stabilisierung* lassen Sie die Augen offen, beschreiben den Gegenstand oder alles, was dazu gehört, ganz genau innerlich oder, wenn Sie allein sind, auch laut. Dadurch entziehen Sie Angst- oder Depressionsgedanken die Denkkraft, zumindest solange Sie die Übung machen. Wenn Sie sich einigermaßen gefangen haben, können Sie zur Beschreibung der Umgebung übergehen, in der Sie sich gerade befinden. Später dann zum »inneren Dialog«.

Eine weitere Möglichkeit zur Stärkung der Konzentrationskraft im Alltagsleben ist die sogenannte *Rückschau-Übung*, bei der man vor dem Einschlafen die äußeren Geschehnisse des Tages wie in einem Film, in dem man sich wie von außen sieht, vorbeiziehen lässt. Dieser Blick von außen fördert die objektive Wahrnehmung und dämpft die emotional-selbstbezogene Einstellung zu den Dingen. Es stärkt die Denkkraft, wenn man diesen Film rückwärts ablaufen lässt, das heißt, man beginnt mit dem Zubettgehen, dann kommt das Zähneputzen, das Umziehen, das Abendessen usw. Es ist durchaus hilfreich, sich einzelne Vorgänge im Detail rückwärts vorzustellen, zum Beispiel, wie die Zahnpasta von der Zahnbürste zurück in die Tube flutscht. Diese Perspektive macht uns innerlich wach für Vorgänge, die wir noch *nicht* kennen und für die wir noch keine automatisierten Gedankenabläufe haben. Darin liegt die Wurzel von Fantasie und Kreativität. Beobachten Sie doch einmal, wie Kinder mit diesen Vorgängen in ihren Gedanken spielen! Solche Übungen halten unser Denken – und damit auch unser Seelenleben – jung und beweglich. Diese »Gedankengymnastik« ist mindestens ebenso wichtig wie die Gymnastik für unseren Körper.

Fassen wir diese ausführlichen Darstellungen noch einmal zusammen und blicken auf das, was für einen Veränderungsprozess konkret wichtig ist.

Die folgende Abbildung zeigt eine schematische Zusammenfassung des Veränderungsprozesses unter den drei Aspekten des uns schon bekannten bio-psycho-sozialen Störungsmodells. Bezogen auf den Prozess in der Zeit kann man drei Blickwinkel unterscheiden:

1. den Blick in die *Vergangenheit,* um die Entstehungszusammenhänge des Verhaltens zu verstehen,
2. die bilanzierende Besinnung auf die Situation der *Gegenwart,*
3. den Blick in die *Zukunft* auf das, was zu tun ist, um die Situation zum Guten zu wenden.

Der Blick in die Vergangenheit zeigt, dass von der *biologischen Seite* her gewisse erbliche Anlagefaktoren und die durch Gewohnheitsbildungen bedingten Veränderungen im Organismus eine Rolle spielen. Dies betrifft alle anhaltenden und tiefer gehenden Lernprozesse, die zu Bahnungen und Anpassungsprozessen im Körper führen. Die bleibenden Veränderungen sind die Grundlage aller automatisierten bzw. »spontan« auftretenden Verhaltensmuster. Sie können nur langsam umgebaut werden. Deshalb dauern Veränderungsprozesse auch so lange!

Von *psychologischer Seite* sind eine gewisse Grundstimmung und das Temperament angelegt. Dies hat Einfluss darauf, wie wir im Leben an Dinge herangehen. Im weiteren

Verlauf schlagen sich unsere Lebenserfahrungen in zum Teil unbewussten, stabilen Grundgedanken und Überzeugungen nieder, die handlungsleitend für unser weiteres Verhalten und Erleben werden. Eine wichtige Aufgabe bei Veränderungen ist es, diese unbewussten Regeln zu erkennen, zu prüfen und gegebenenfalls aus unserer Gedankenkraft heraus zu verändern.

Im *sozialen Leben* sind uns zunächst unsere Eltern Vorbild. Später finden wir vieles vom Verhalten der Eltern bei uns wieder. Im weiteren Leben übernehmen wir mehr oder weniger bewusst bestimmte Rollenvorstellungen, die unser Zusammenleben mit anderen Menschen prägen. In der Regel suchen wir uns unbewusst Partner aus, die in ihrem Rollenverhalten zu uns wie ein Schlüssel zum Schloss passen. Tauchen im Leben Probleme auf, versuchen wir zunächst »mehr von dem zu tun«, was wir früher einmal gelernt haben. Erst wenn es gar nicht mehr weitergeht, sind wir bereit, Hilfe in Anspruch zu nehmen und etwas Neues zu versuchen, zum Beispiel uns auf eine Psychotherapie einzulassen.

Ziele neu definieren

Am Beginn einer Veränderung steht die Analyse der Situation: *Wo stehe ich jetzt? Wo will ich hin?* Technisch ausgedrückt ist das eine Art »Bilanz«, eine »Ist-Soll-Analyse«. Viele vermeiden die konkrete Auseinandersetzung mit ihren Zielen und ihrem tatsächlichen Zustand. Warum? Weil der Abstand zwischen Ideal und Wirklichkeit zu groß ist und schmerzt.

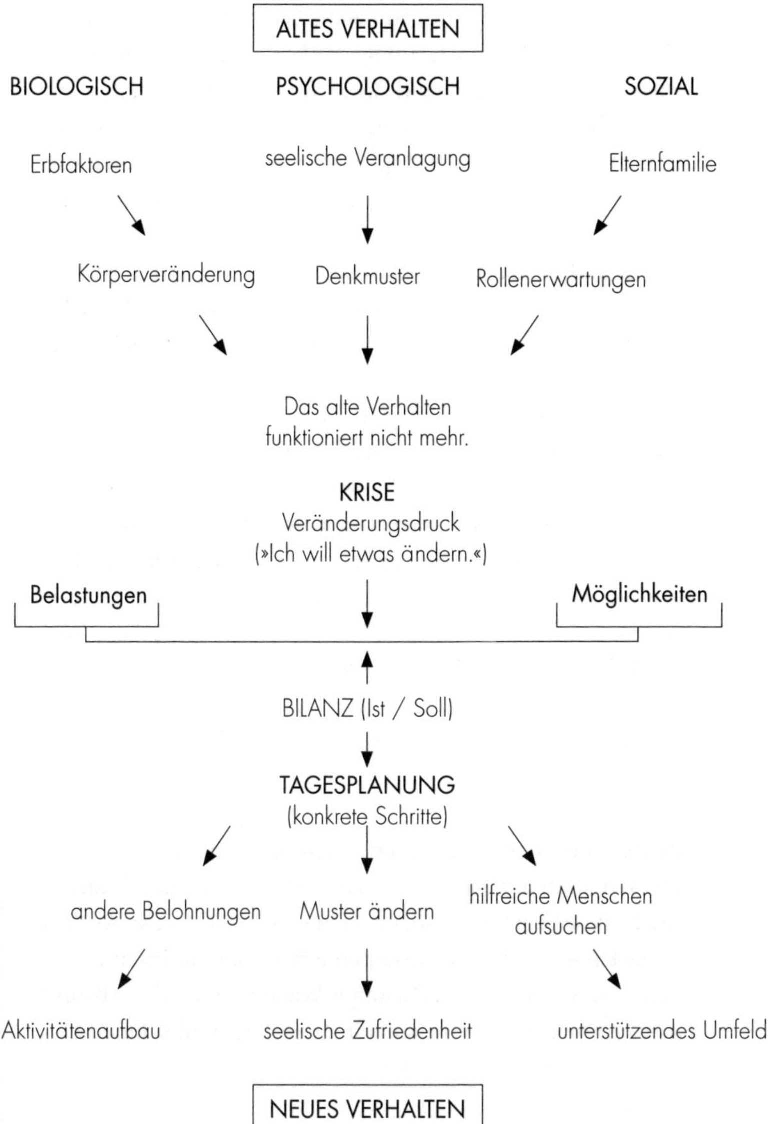
ALTES VERHALTEN
BIOLOGISCH
PSYCHOLOGISCH
SOZIAL
Erbfaktoren
seelische Veranlagung
Elternfamilie
Körperveränderung
Denkmuster
Rollenerwartungen
Das alte Verhalten funktioniert nicht mehr.
KRISE
Veränderungsdruck
(»Ich will etwas ändern.«)
Belastungen
Möglichkeiten
BILANZ (Ist / Soll)
TAGESPLANUNG
(konkrete Schritte)
andere Belohnungen
Muster ändern
hilfreiche Menschen aufsuchen
Aktivitätenaufbau
seelische Zufriedenheit
unterstützendes Umfeld
NEUES VERHALTEN

Abb. 15

Teufelskreis der Psychosomatischen Symptomatik

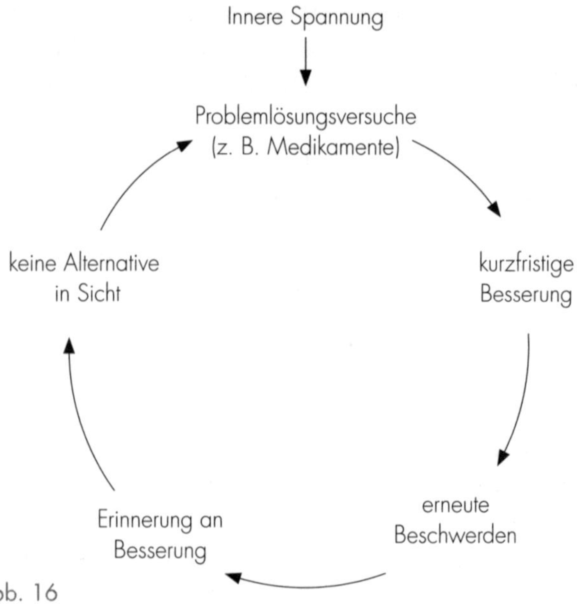

Abb. 16

Nicht-Hinsehen lässt (kurzfristig) diesen Schmerz vergessen. Aber Schmerz kann ein Anreiz sein, etwas zu verändern und besser für sich zu sorgen.

Menschen haben die alten Lösungen gewählt, weil sie keine besseren Lösungen gefunden haben, um ihre inneren Anspannungen zu bewältigen (siehe auch Seite 30 ff.). Oft sind langfristig bessere Lösungen mit kurzfristigen Anstrengungen bzw. Verschlechterungen des Befindens und mit einem vorübergehenden Spannungsanstieg verbunden. Das konnten die Menschen früher nicht bewältigen, auch weil sie die Zusammenhänge nicht durchschauten und nicht wussten, warum man am Anfang die vorübergehende Verschlechterung und die Anstrengungen auf sich nehmen muss, wenn es einem nachher besser gehen soll. Die bisher gewählten Lösungen sind zumeist auch bequemer (zum Beispiel bei Schmerzen Medikamente einzunehmen, siehe Abb. 16 auf Seite 150). Das kurzfristige Ziel wäre »Schmerzfreiheit«. Das weitergehende bzw. langfristige Ziel wäre »Unabhängigkeit von Schmerzmitteln« bzw. Probleme aus eigener Kraft lösen zu können im Sinne des Wertes der Autonomie.

Wer wagt, gewinnt

Aus dem Bauch heraus, also auf der Gefühlsebene, kommen wir immer zu den kurzfristig entspannenden Lösungen. Nur der Verstand kann uns motivieren, anfangs anstrengendere Lösungen auf uns zu nehmen, damit es uns langfristig besser geht. Der Bezug zum Wert der Autonomie kann uns die innere Kraft geben, kurzfristig die Schmerzen besser auszuhalten und Alternativen zu suchen.

Um Menschen zu neuen Lösungsversuchen zu motivieren, bedarf es großer Anstrengungen und »guter Argumente«, um die Ich-Funktion zu stärken, damit sie sich gegen die alten Schemata bzw. Gewohnheiten durchsetzten kann. Eine Brücke, den »Manager« und die »inneren Kinder« zur Mitarbeit zu bewegen, sind *zeitlich befristete Experimente,* die nachher gemeinsam ausgewertet werden. So kann Zeit gewonnen werden, die neue positive Erfahrungen erst möglich macht, ohne dass wir uns gleich festlegen müssten. Genaue sachliche, ichhafte Selbstbeobachtungen helfen, übertriebene Befürchtungen zu relativieren und anfangs noch kleine Erfolge der

Der Weg aus dem Psychosomatischen Teufelskreis

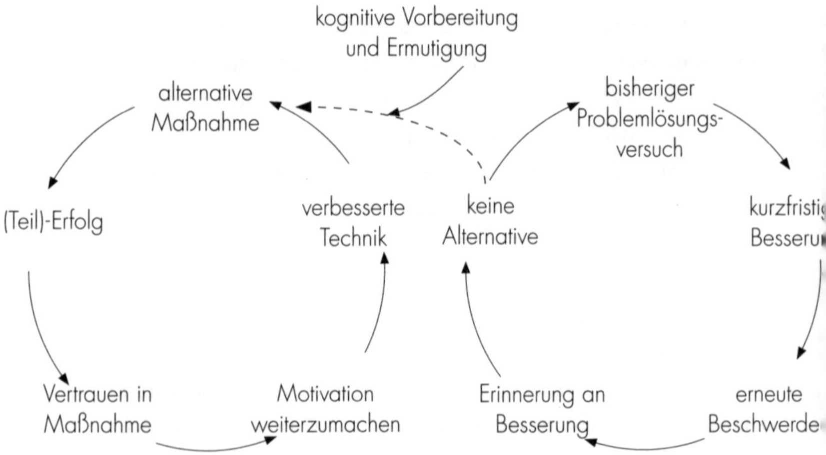

Abb. 17

neuen Strategien überhaupt wahrzunehmen. Es ist sehr wichtig, diese Teil-Erfolge deutlich herauszuarbeiten und zum Beispiel in einem *positiven Tagebuch* zu protokollieren, damit sie nicht einem Schwarz-Weiß-Denken zum Opfer fallen. Denn nur erlebte, das heißt bewusst wahrgenommene Teilerfolge motivieren, den neuen Weg weiterzugehen und die neuen Lösungen immer weiter zu verbessern (siehe Abb. 17). Nur dadurch, dass das Leben mit den neuen Strategien wenigstens einigermaßen erträglich und attraktiv ist, kann langfristig Rückfällen in die alten, bequemeren Verhaltensmuster vorgebeugt werden.

Wie kann die Differenz zwischen *Ist* und *Soll* verringert werden? Zunächst, indem wir uns ganz bewusst von unrealistischen Idealen verabschieden. Das sagt sich leicht, kann aber ungeheuer schwer sein. Viele von uns leben mit einem »ungedeckten Scheck auf die Zukunft« und hoffen, dass es irgendwann einmal besser werden wird. In der Jugend mag das angehen. Aber mit fortschreitendem Lebensalter dämmert uns mehr und mehr, dass diese Rechnung nicht aufgehen wird. Die zunehmende innere Spannung und unausgesprochene Traurigkeit kann *ein* Grund sein, in den alten Mustern und Lösungen hängen zu bleiben. Aber dadurch ändert sich langfristig gar nichts. Besser ist es, den Schmerz der Ernüchterung kurzfristig zu ertragen, um dann ganz bewusst seine Kraft einzusetzen, um realistische Ziele anzustreben.

Eine gute Übung dazu ist, ein *Drehbuch* zu schreiben: *»Wie soll mein Leben in einem Jahr (oder in fünf Jahren) aussehen?«* Dies soll detailliert und schriftlich geschehen (wo lebe ich, mit wem zusammen, was arbeite ich, wie und mit wem verbringe ich meine Freizeit?) Diese Übung soll helfen, langfristige Ziele und Werte in die gegenwärtige Entscheidungsbildung verstärkt einzubeziehen und nicht bei den kurzfristigen Zielen stehen zu bleiben. In der konkreten Handlungsplanung werden dann langfristige, wertbezogene Ziele und das Wohlfühlen in der Gegenwart im Sinne kurzfristiger Ziele, zum Beispiel in einer Tagesplanung, ausbalanciert.

Als Nächstes ist zu planen, wie der Weg zum Soll-Zustand aussieht, was für diesen Weg hilfreich ist, was belastet (sogenannte »Analyse der Ressourcen«). Konkret: Welche Fähigkeiten oder Freundschaften kann ich wieder aktivieren, die mich auf meinem geplanten Weg unterstützen? Von welchen Angewohnheiten oder Menschen muss ich mich trennen, weil sie nur den alten Zustand akzeptieren?

Warum ist es so wichtig, Dinge aufzuschreiben?

Das hat mehrere Gründe: Zum einen kann man Aufgeschriebenes später wieder anschauen und sich darauf besinnen und neu orientieren. Das kann uns in schlechten Zeiten zeigen, dass wir auch früher schon Probleme erfolgreich gelöst haben, und dadurch Hoffnungskräfte aufrufen. Zum anderen wird das Gehirn beim Aufschreiben viel umfassender aktiviert als nur beim flüchtigen Nachdenken. Wenn ich etwas aufschreibe, werden sowohl das Sprachzentrum als auch das motorische Zentrum der rechten oder linken Hand, die Sehrinde und das Sprachverständnis aktiviert. Dadurch kommt es zu intensiven Verknüpfungen zwischen den Hirnregionen. Diese Bahnungen helfen uns, uns später leichter an die Dinge zu erinnern und sie im Bewusstsein zu halten. Auch moralisch gesehen sind Dinge, die wir aufgeschrieben haben, für uns verpflichtender. Damit steigt die Chance, dass wir sie auch tatsächlich tun.

Haben wir unsere Situation analysiert und Ziele ins Auge gefasst, können wir darangehen, die Ziele in *kleinen Schritten* systematisch umzusetzen. Dies ist der schwierigste Teil des Veränderungsprozesses, da er viel Disziplin und Ausdauer verlangt. Deswegen muss hier besonders sorgfältig vorgegangen werden. Was machen Sie, wenn Sie im Arbeitsleben ein wichtiges Projekt verfolgen? Richtig! – Sie machen einen detaillierten Plan und prüfen Schritt für Schritt, ob er auch umgesetzt wird. Genauso müssen wir bei dem schwierigen Projekt der Selbsterziehung vorgehen. Warum nehmen Sie die Arbeit wichtiger als sich selbst? Gibt es etwas Wichtigeres als Ihr eigenes Leben? Natürlich soll an dieser Stelle nicht einem dumpfen Egoismus das Wort geredet werden. Aber ein guter

Umgang mit sich selbst ist die Grundlage für einen guten und liebevollen Umgang mit anderen.

Um aus dem Gewohnheitstrott herauszukommen und Selbstmanagement zu üben, ist es daher wichtig, *regelmäßig Bilanz* zu ziehen, zum Beispiel in Form des sogenannten *positiven Tagebuches.* Beim Tagebuchschreiben muss man nämlich genau unterscheiden, wie man es schreibt. In der Pubertät haben viele von uns ein Tagebuch zur emotionalen Entlastung geschrieben und einfach alles so aufgeschrieben, wie es uns in den Sinn kam. Auch das hatte sein Gutes, denn beim Schreiben ordnet man die gefühlsgeführten Gedanken, da Schreiben einfach langsamer geht als Denken. Das Gefühlsknäuel wird dadurch in einen geraden Gedankenfaden aufgedröselt, denn beim Schreiben muss man ein Wort logisch an das andere fügen. Bedenken Sie aber bitte auch, dass das, was wir intensiv fühlen, sich in uns einbrennt: Ein negatives Tagebuch kann negative Gefühle verfestigen, vor allem, wenn man später wieder hineinschaut. Wenn wir in unser Tagebuch nur positive Dinge hineinschreiben, verstärken wir die positiven Gefühle. Wenn wir in schlechten Zeiten in ein »Jammertagebuch« hineinschauen, wird uns das nicht aufbauen! Wenn wir dagegen sehen, dass wir früher schon ähnliche Krisen erfolgreich bewältigt haben, wird uns das ermutigen.

Anfangs empfiehlt es sich, dies täglich zu tun, später reicht es einmal in der Woche. Es hilft, einen bestimmten Zeitpunkt am Tag dafür vorzusehen, zum Beispiel abends vor dem Zubettgehen. Die Fragen, die man kurz (schriftlich!) beantworten sollte, sind:

- Was ist mir an diesem Tag gelungen?
- Was kann ich mir für den nächsten Tag vornehmen, um einen Schritt weiterzukommen?

Diese fünf Minuten am Tag sollten Sie sich wert sein; denn diese kurze Selbstbesinnung ist das Herz Ihres Veränderungsprozesses. Es liegt allein in Ihrer Verantwortung und Macht, diesen zentralen Schritt der Selbstverwirklichung zu gehen.

Eine gute Planung ist das halbe Leben

Für einen dauerhaften Erfolg ist wichtig, die Aufmerksamkeitshaltung zu üben und langfristig aufrechtzuerhalten. Dabei hilft einem neben dem Tagebuch anfangs eine präzise *Tagesplanung*, die für *alle* Teile befriedigende, belohnende Aktivitäten berücksichtigt. Dabei können leistungsorientierte Tätigkeiten den Manager zufrieden stellen und angenehme Aktivitäten das innere Kind. Die gute Mischung ist Garant für eine höhere Lebensqualität.

Empfehlenswert ist ein Tagesplan mit folgenden fünf Spalten (siehe Anhang).

1. Geplante Aktivitäten
   Hier tragen Sie für den folgenden Tag ein, was Sie sich vornehmen wollen. Planen Sie aber auch, wie erwähnt, einige entspannende und befriedigende Betätigungen ein. Bitte sagen Sie jetzt nicht, dass Sie das sowieso alles im Kopf haben. Die Pflichten werden Sie möglicherweise im Kopf haben, aber die meisten Menschen vergessen die Entspannungsmomente und die positiven Aktivitäten bzw. schieben diese immer nach hinten, entsprechend dem Motto: Erst die Arbeit, dann das Vergnügen. Aber genauso argumentieren die inneren Manager, und dadurch kommen die inneren Kinder (oft planmäßig) zu kurz.

2. Beobachtungen

Hier tragen Sie ein, was passiert, während Sie die geplanten Aktivitäten ausführen. Beobachten heißt also: achtsam sein, ohne zu beurteilen. So könnten Sie zum Beispiel beobachten, dass eine geplante Aktivität nicht so verläuft wie geplant bzw. dass unerwartete Gefühle auftreten. Das registrieren Sie und überlegen in Ruhe, wie Sie reagieren wollen.

3. Tatsächliche Aktivitäten

An den Stellen, wo Sie besondere Beobachtungen notiert haben, tragen Sie jetzt ein, wie Sie nach reiflicher Überlegung aus der Regisseursperspektive tatsächlich gehandelt haben. Versuchen Sie immer, die erwähnten Kompromisse anzustreben, die Sie in der bewährten Ja-aber-Weise mit den verschiedenen Teilen ausgehandelt haben, zum Beispiel: »Ich weiß, dass der innere Manager ungeduldig wird, weil sich die Arbeit verzögert hat, aber jetzt mit Gewalt weiterzumachen, wird das Ergebnis auch nicht verbessern.« Oder zum inneren Kind: »Ich weiß, dass du jetzt keine Lust mehr hast und eigentlich Pause machen möchtest, aber ich schlage vor, dass wir noch zehn Minuten weitermachen, bis diese Arbeit beendet ist und dann machen wir Pause.«

4. Effekte

Hier schauen Sie wieder vorurteilsfrei und achtsam hin, wie sich Ihre Entscheidung und tatsächliche Aktivität ausgewirkt hat, und prüfen damit, ob Sie wirklich gut war.

5. Lernerfahrung

Hier können Sie notieren, welche neue Regel Sie aus der gemachten Erfahrung ziehen können, zum Beispiel dass es tatsächlich gut war, nicht mit Gewalt weiterzumachen, sondern lieber eine kleine Pause einzulegen, weil Sie danach entspannter und konzentrierter weiterarbeiten konnten. Oder anders ausgedrückt: Es hat sich bewährt, dass der Manager dem Kind vertraut hat und es die kleine Pause machen ließ, da das Kind danach wieder bereit war, weiterzumachen und dadurch das vom Manager gewünschte Ziel erreicht werden konnte.

Im *Fazit* können Sie mit einem oder zwei Sätzen zusammenfassen, was Sie als positives Ergebnis des Tages festhalten möchten. Später reicht es, wenn Sie nicht mehr den gesamten Tagesplan ausfüllen, sondern nur noch das Fazit in das *positive Tagebuch* schreiben. Aber werden Sie nicht nachlässig, sondern bedenken Sie: Nur die bewusst und intensiv gemachten und ausdrücklich als erfolgreich eingeschätzten Lernerfahrungen werden wirklich in das emotionale Gedächtnis eingebrannt und schaffen langfristig in uns die Grundstimmung und die Zuversicht, Probleme erfolgreich bewältigen zu können und bringen uns in Kontakt mit der Kraft in uns, das auch zu tun! Man spricht ja auch zu Recht von einem Erfolgs-Erlebnis und nicht von einem Erfolgs-Gedanken. Also nicht nur kurz dran denken, sondern wirklich aufschreiben! Weil das so wichtig ist, werden wir gleich darauf noch einmal genauer eingehen.

Bei genauerer Betrachtung kann man sehen, dass die Arbeit mit diesen fünf Spalten die innere Bewegung zwischen der

Gefühlsebene und der gedanklich-reflexiven Ebene notwendig macht (siehe Abb. 14 auf Seite 135). Nach der Wahrnehmung des aktuellen Befindens (Beobachtung) lösen wir uns von dem unmittelbaren Miterleben und nehmen die beschriebene wohlwollend-prüfende Haltung ein. Dabei wägen wir die kurzfristig-emotionalen Bedürfnisse und Ziele des »inneren Kindes« mit den langfristig-wertorientierten Zielen des »inneren Managers« ab. Wie erwähnt, können dabei auch durchaus intuitive Handlungsimpulse mit in die Abwägung einbezogen werden. Es kann zum Beispiel geprüft werden, ob man die Handlung auch ausführen würde, wenn es von gar niemandem bemerkt würde. Dadurch können die umweltvermittelten Werte im Sinne des »inneren Managers« getrennt werden von den ganz persönlich-individuellen Werten. Oder man kann erkennen, dass hinter der vermeintlichen Anziehung für einen Partner kein »Schicksal« wirkt, sondern einfach die alten Bedürfnisse und Sehnsüchte des »inneren Kindes« aktiviert sind. Wie gesagt, gibt es bei diesen Entscheidungsprozessen keine absolute Sicherheit, denn es handelt sich immer um »Entscheidungen unter Risiko«. Das ist im Leben nicht anders als zum Beispiel bei unternehmerischen Entscheidungen. Tatsächlich geht man beim Umsetzen von neuen Prozessen in der Wirtschaft in den sogenannten P-D-C-A-Zyklen ähnlich vor, bei denen auch abwechselnd geplant (*p*lan), getan (*d*o), geprüft (*c*heck) und danach entsprechend reagiert (*a*ct) wird. Warum sollten Sie bei Ihrem eigenen Lebensprojekt weniger konsequent vorgehen als die Wirtschaft bei der Umsetzung ihrer Ziele?!

Zwölf Schritte zur guten Selbstorganisation

Um Ihnen die Umsetzung Ihrer Pläne noch etwas zu erleichtern, sind nachfolgend zusammenfassend zwölf Schritte aufgeführt, die uns bei einer guten Selbstorganisation helfen können, damit wir uns nicht vom »rechten Weg« abbringen lassen, sondern diszipliniert unsere Ziele verfolgen:

1. Plane deinen Tag und prüfe, was wirklich gut für dich ist.
2. Nimm dir nicht zu viel vor, sondern nur so viel, wie du ziemlich sicher schaffen kannst.
3. Wenn du dir etwas vorgenommen hast, dann tu es auch und lass dich von vordergründigen Zweifeln nicht abbringen.
4. Tue immer nur eine Sache zu einer Zeit und sei ganz bei der Sache, die du tust.
5. Versuche eine Aufgabe zu Ende zu bringen, wenn du sie angefangen hast (möglichst einen Vorgang nicht zweimal in die Hand nehmen).
6. Meide Extreme, suche den »goldenen Mittelweg«.
7. Nimm Widerstände nicht persönlich (auch nicht anfängliche Skepsis oder Misstrauen der anderen), mache demütig weiter.
8. Hole dir innerlich Beistand von »oben« (z. B. durch den inneren Dialog oder durch Gebete).
9. Frage ruhig andere um Rat (aber prüfe die Motive der Antwortenden kritisch).
10. Freue dich, wenn etwas klappt, und danke den Kräften (und Menschen), die dir dabei geholfen haben.

11. Belohne dich selbst, wenn du etwas geschafft hast, und nimm das Gelingen nicht als selbstverständlich.
12. Gib anderen positive Rückmeldungen, wo immer es möglich ist.

Nimm das Gelingen als Zeichen, dass du auf dem richtigen Weg bist, und die Misserfolge als Anlass, besser vorbereitet an die Aufgabe heranzugehen (gehe wieder zu Punkt 1 …).

Auf zwei Aspekte soll an dieser Stelle noch einmal eindrücklich hingewiesen werden:

Nehmen Sie sich nicht zu viel vor! Wenn Sie sich zehn Aufgaben vornehmen und nur acht schaffen, werden Sie sich durch die Ist-Soll-Differenz schlecht fühlen. Wenn Sie sich dagegen nur sieben Dinge vornehmen, aber acht schaffen (weil noch etwas Zeit übrig blieb), werden Sie sich gut fühlen, weil Sie Ihr Soll übertroffen haben. Obwohl von der Sache her das Ergebnis gleich ist, fühlt es sich doch ganz unterschiedlich an. Das ist gute Selbstorganisation! Dazu muss bei der Planung der Regisseur den Manager im Griff haben, weil dieser immer ein Maximum entsprechend dem Motto fordert: »Man muss das Unmögliche fordern, um das Mögliche zu erreichen.« Genau diese unbewusst übernommenen Regeln bzw. kompensatorischen Schemata führen uns aber in die Unzufriedenheit. Deshalb müssen wir sie ganz bewusst infrage stellen und systematisch verändern. Dabei sollen Ihnen die Spalten 4 und 5 im Tagesplan (siehe Seite 216) helfen.

Der zweite Aspekt schließt daran an: Die beiden zuletzt genannten Spalten und das »Fazit« sollen helfen, die guten Ergebnisse unserer Selbstorganisation nicht als selbstverständlich zu verbuchen. Wir müssen gezielt das Erfolgserlebnis herbeiführen, dass wir die Sache gut gemacht haben. In diesem Zusammenhang sind Belohnungen besonders wichtig: Belohnungen sprechen das Gefühl an und machen dadurch den Erfolg erst zu einem Erlebnis. Und nur Erlebnisse – und nicht Gedanken – führen zu emotionalen Lernerfahrungen und damit zum Aufbau neuer Verhaltensmuster bzw. Schemata. Leistung zu bringen muss sich nachher gut anfühlen, sonst verliert das »innere Kind« den Spaß an der Sache. Und nehmen Sie bitte auch kleine Erfolge nicht als selbstverständlich. Das ist lieblos! Wie reagieren denn Eltern auf die ersten, tapsigen Gehversuche ihres Sprösslings? Sie loben ihn begeistert, ja geradezu übertrieben! Obwohl jeder Mensch laufen lernt, tun sie gerade so, als seien die ersten Schritte ihres Kindes eine Weltsensation. Und das ist gut so! Wenn sie mit dem Kind genauso streng wären wie mit sich selbst, würden sie vielleicht sagen: »Stell dich doch nicht so blöd an und mach ein bisschen schneller!« Gott sei Dank tun sie es (instinktiv?) nicht, sonst würden am Ende noch manche Kinder beim Krabbeln bleiben … Da wir in uns immer noch ein inneres Kind haben, sollten wir mit uns ähnlich motivierend umgehen wie mit unseren leiblichen Kindern und uns ein gutes Belohnungsverhalten antrainieren. Denn Belohnung motiviert zu weiterem Tun und dadurch dazu, sich tiefer mit der Welt zu verbinden. Goethe wird folgender Gedanke zugeschrieben: Wenn wir einen Menschen liebevoll betrachten, sehen wir ihn nicht als den, der er ist, sondern als den, der er werden könnte. Das hilft ihm, sein Potenzial abzurufen, sich selbst zu verwirklichen. Dazu brauchen nicht nur Kinder, sondern alle Menschen eine wohlwollende, ermutigende Umgebung. Erst nach und nach können wir die in der Umgebung uns tragende Stimmung »verinnerlichen«, d.h. in uns hineinnehmen, in uns selbst aufbauen. Das ist ein innerer Gestaltungs-, ein Lernprozess, der lange geübt und wiederholt werden muss.

Was geschieht eigentlich beim Training?

Um dieser Frage näher zu kommen, wollen wir noch einmal auf Abbildung 8 auf Seite 78 blicken:

Zunächst muss ich in meinen Gedanken verstehen, was ich tun will und wie es geht. Ich muss also etwas »ein-sehen«. Die Einsicht kann im Moment sehr intensiv sein, aber sie ist nicht von Dauer. Sie hat allein keine Gestaltungsmacht, keine anhaltende Wirkung. Wissen heißt nicht Können. Gedanken können nicht direkt auf unseren Leib verändernd wirken. Das ist auch ganz gut so: Stellen Sie sich vor, jeder Gedanke würde sofort Ihre tatsächlichen Verhaltensweisen dauerhaft verändern bzw. Wirklichkeit werden!

Es ist also von der Natur ganz vernünftig eingerichtet, dass der Leib eine gewisse Trägheit hat. Auch seine Fähigkeit, sich häufig ausgeführte Handlungen zu merken und automatisiert auszuführen, entlastet uns (z.B. beim Autofahren oder bei Bewegungsabläufen ganz allgemein).

Damit uns etwas in »Fleisch und Blut« übergeht, müssen wir es mehrfach tun – Lernen lebt von der Wiederholung. Um einen Vorsatz in den Körper einzuprägen, muss der Gedanke zunächst den Leib tiefer ergreifen als nur das Gehirn. Dies geschieht durch eine Anregung des Kreislaufs und der Atmung. Deswegen atmen wir tief ein, wenn uns etwas stark berührt. Außerdem schlägt das Herz stärker und unser Blut kommt in Wallung, wenn wir uns für einen Gedanken erwärmen. Ein inneres, körperliches Wärmegefühl zeigt an, dass sich die Impulskraft der Gedanken in den Körper fortzusetzen beginnt, wenn wir uns für etwas »begeistern«. Als Nächstes treten Bewegungsimpulse in den Muskeln auf: Wir springen auf, ballen die Faust aus Wut oder klopfen mit den Fingern den Takt mit, wenn uns eine Musik »bewegt«. Sie sehen, wie im Sprachgeist viel von diesen Zusammenhängen erhalten geblieben ist. Wir müssen also Vorsätze ganz bewusst und mit innerer Beteiligung in konkrete Handlungen gießen und immer wieder tun, damit sie sich in die Körperprozesse einprägen und wir sie vergessen können. Dann sind wir in unserem Bewusstsein entlastet und wieder frei für etwas Neues.

Der Unterschied von Denken und Wollen/Tun

Um ins Tun zu kommen, müssen wir das (reflektierende) Denken beenden und wieder eintauchen in die »bewegenden Kräfte« der Welt. Das reflektierende, abstrakte Denken hat eine lähmende, »fest-stellende« Wirkung. »Abstrakt« bedeutet »abgezogen« – aus dem Lebensstrom und den bewegenden Kräften herausgehoben. Ohne dieses fest-stellende Herausheben von Gedanken, Vorstellungen oder Urteilen hätten wir keine bleibende Erkenntnis von der Welt oder uns selbst.

Auf dieser Ebene sollte eine gewisse Ruhe herrschen, damit die seelische Erregung nicht das Gedankenleben irritierend verzerrt, sondern wir mit unserer Gedankenkraft die richtigen Zusammenhänge des Wahrgenommenen erkennen und benennen können. »Seelisches Denken«, d.h. emotionalisiertes Denken, führt zu Vorurteilen und eben nicht zum »Wahr-Nehmen«, dem Erkennen des Wahren.

Wenn wir einen wahren Zusammenhang verstehen, entsteht in uns ein gutes Gefühl, ein Gefühl »durchzublicken«, hinter den Phänomenen das »Wesentliche«, das »geistige Band«, wie es in Goethes *Faust* heißt, zu erkennen. Diese Haltung symbolisiert der bereits erwähnte Epimetheus in der griechischen Mythologie. Diese erkennende Ebene müssen wir nicht nur der Welt, sondern auch uns selbst gegenüber aufsuchen, um uns selbst besser führen zu können.

Von dieser Ebene aus können wir mit unserer Gedankenkraft ordnend einwirken, wenn wir aus wahrer Erkenntnis handelnd in die Welt eingreifen. Um ins Tun zu kommen, muss sich dazu aber unsere seelische Verfassung bzw. Orientierung verändern: Wenn wir im wachen, reflektierenden Gedankenleben hängen bleiben, haben wir keine Kraft, etwas zu bewegen. Unser Gedankenleben ist wie der Mond, der das Licht bzw. das Schaffen der Sonne spiegelt, aber selbst keine Leuchtkraft hat.

Die Kraft, etwas zu tun, kommt aus unserem Stoffwechsel, in dem die Naturkräfte, die die Nahrung, die wir essen, gestaltet haben, weiterwirken. Diese Gestaltungs- bzw. Lebenskräfte werden durch die Verdauung »anonym« gemacht. Wäre das nicht der Fall, hätte unser Körper sie nicht eingliedern können, sondern allergisch-abstoßend auf sie reagiert, um sein Eigensein gegen diese, fremde Substanz zu behaupten.

Wir haben schon gesehen, dass nicht erkannte, nicht abgelähmte fremde Kräfte sowohl unser Fühlen als auch unser Handeln an unserer Bewusstheit vorbei beeinflussen können. Gerade weil sie noch nicht zu bewussten Gedanken bzw. dem »Wort« abgelähmt sind, haben diese unbewussten Gestaltungen in unserer Seele ihre Wirkkraft behalten. Wie diese unbewussten Seelenkräfte durch das Erkennen gelähmt werden können, ist im Märchen vom Rumpelstilzchen beschrieben: Zunächst bekommt das Rumpelstilzchen immer mehr Macht über die Müllerstochter, weil es ihr (»nachts«, d.h. unbewusst) die Arbeit abnimmt, indem es seine Kräfte zur Verfügung stellt, um Stroh zu Gold zu spinnen. Diese Umwandlung symbolisiert den Stoffwechsel. Erst als es der Müllerstochter gelingt, das Rumpelstilzchen bewusst mit seinem Namen anzusprechen, verliert es seine Macht und verschwindet. Ein schönes Sinnbild für die erkennende und verstehende Arbeit in der Selbsterziehung.

Aber wenn wir selbst »Stroh zu Gold« spinnen wollen, d.h. diese Lebenskräfte beherrschen oder führen wollen, müssen wir auf die »Nachtseite«, d.h. auf unseren Willens-Stoffwechsel-Bereich einwirken können. Das geht aber gerade nicht durch Vorstellungen!

Die Vorstellung, etwas gerne tun zu *wollen*, bewirkt noch lange nicht, es auch tun zu *können*! Gerade unter dieser Spaltung leiden zum Beispiel die depressiven Menschen: Sie wissen sehr wohl, was sie gerne tun würden bzw. sollten, aber sie kommen nicht an die Kräfte heran, wirklich in die Tätigkeit zu kommen.

Wir müssen einen ganz anderen Weg wählen, um an den

Lebenskräftebreich heranzukommen. In vielen Märchen ist dieser Weg beschrieben: Nicht der Kluge bekommt die Königstochter, sondern der »Dummling«, der einfach losmarschiert, uneitel, aber aufrecht, seinen Weg geht, die ihm begegnenden, »verkleideten« (Kräfte-)Wesen achtet und dadurch deren Unterstützung bekommt. Letztlich sind es diese »helfenden Kräfte«, durch die er die Aufgaben lösen kann (z.B. im Märchen von der *Goldenen Gans*).

Dieses Bild ist wichtig! Wir müssen uns den von der Natur und durch die Nahrung geschenkten Kräften anvertrauen, diese achten und pflegen, damit sie uns ihre Kraft zur Verfügung stellen. Doch was heißt das konkret?

Über das Wesen der Kraft

Anders als der Strom aus der Steckdose ist unsere innere seelische Kraft nicht auf Knopfdruck verfügbar. Unser Stimmungs- und damit auch Kräftezustand hängt davon ab, was wir innerlich in uns aufrufen bzw. von außen in unsere Seele hereinlassen. In uns finden wir Erinnerungsbilder all unserer früheren Erlebnisse bis hinunter in unsere automatisierten Gewohnheiten – um uns die ganze Welt. Das heißt, wir können weder uns selbst noch die Welt ohne weiteres verändern, aber wir haben einen Einfluss darauf, welchen Inhalten wir erlauben, sich auf unserer »seelischen Bühne« auszubreiten. Wir sind der Regisseur auf unserer seelischen Bühne. Wir können uns zwar die Schauspieler nicht aussuchen, aber wir können bestimmen, welches Stück gespielt wird. Wir können wesentlich mitbestimmen, von welchen Kräften, die in unsere Seele hineinstrahlen, wir uns mittragen lassen, wie ein

Drachen im Wind oder ein Surfer auf der Welle. Wir schaffen nicht die Kraft der Elemente, aber wir können sie für unsere Reise nutzen. Wir müssen also das richtige Augenmaß dafür entwickeln, was möglich ist. Wir müssen mit einer gewissen Demut die Mitte finden zwischen verkrampftem Veränderungswillen und resignativem Rückzug in unser Inneres. Wir dürfen nicht mit dem »harten Willen« etwas »über das Knie brechen« wollen, sondern müssen eine Ahnung dafür entwickeln, was »geht«, was »dran ist«, wann die »rechte Zeit« und was das »rechte Maß« ist. Es gilt, die Gunst der Stunde zu nutzen, wenn die Möglichkeit und die Kraft da sind. Im Altertum nannte man dies »Kairos«.

Manchmal müssen wir geduldig abwarten, manchmal verschiedene Dinge gleichzeitig anstoßen, von denen eines funktioniert, manchmal uns konsequent durchbeißen. Es ist nicht leicht, herauszufinden, was gerade dran ist. Hier können Gespräche mit anderen weiterhelfen, aus denen man die passende Antwort herausfiltert.

»Leistung« muss sich lohnen

Wir müssen aber auch nach innen lauschen und auf die Bedürfnisse des Körpers und der »inneren Kinder« hören. Wir müssen ihnen unsere Vorhaben »schmackhaft« machen, indem wir uns nach einer Anstrengung belohnen. Wir müssen große Aufgaben in kleine Schritte zerlegen, damit sich an der Vorfreude über das Erreichte der Willen entzünden kann. Wir müssen manche Dinge üben und sie im Rhythmus von Anspannen und Entspannen immer wieder angehen und loslassen. Besonders dieses Rhythmische, Wiederholende macht die Lebenskräfte geneigt, sich auf unsere Vorstellungen einzulassen, sozusagen ihre Kraft in unsere kraftlosen Gedankenformen zu gießen. Dadurch werden sie erst »unsere Kräfte«, unsere Fähigkeiten. Im wiederholten Üben – einige Alltagbeispiele werden gleich beschrieben – werden wir zum Meister über diese Kräfte.

Den Zugriff auf Ihre Willenskräfte können Sie immer dann üben, wenn Sie sich bewusst gegen einen spontanen Handlungsimpuls entscheiden. Wenn Sie zum Beispiel auf der Straße einer schönen Frau nachschauen wollen, tun Sie es gerade nicht! Wenn Sie noch bei »Gelb« über eine Ampel fahren wollen, halten Sie bewusst an! Wenn Sie ein Stück Schokolade essen wollen, das auf dem Tisch liegt, lassen Sie es bewusst liegen (zumindest für diesen Moment)! Wenn Sie eine Zigarette rauchen wollen, tun Sie erst etwas anderes und verschieben Sie die Zigarette. Wenn Sie auf der Straße an einem liegen gelassenen Papier vorbeigehen wollen, bleiben Sie stehen und heben Sie das Papier bewusst auf und tun es in einen Papierkorb! Wenn Sie morgens erst die Unterhose anziehen möchten, beginnen Sie mit dem Unterhemd (oder umgekehrt). Wenn Sie sich die Zähne mit der rechten Hand putzen, versuchen Sie es einmal mit der linken usw.

Wir sollten den Kräften in unserem Leib dankbar sein, dass sie uns erlauben, unsere Ideen umzusetzen, so wie ein Reiter seinem Pferd dankt, dass es ihn trägt. Wir sollten vom »ich will« zu einem »unter welchen Bedingungen kann ich meine Idee verwirklichen« kommen. Dann ist es nur noch ein kleiner Schritt vom egoistischen Wollen zum »sanften Willen«, der versucht, aufzugreifen, was im Sinne einer höheren Ordnung gewollt ist, um dieses in die Welt zu tragen. Dadurch wird der Mensch zum Verwirklicher guter Ideen bzw. Idealen. Er wird zum Vermittler zwischen Geist und Welt. Er wird selbst zum »Schöpfer«. Wir haben es in der Hand, welchem »Herrn« wir dienen: Ob wir unreflektiert die Gefühlsgedanken unseres Bauches ausagieren oder bewusst unsere Ideen, auch gegen Widerstände übend, in die Welt tragen – bis dahin, dass »sein Wille geschehe …«

Soziale Aspekte

Neben dieser inneren Arbeit, die wir nur allein verrichten können, ist es hilfreich, sein soziales Umfeld entsprechend dem Motto der Anonymen Alkoholiker: »Nur du allein kannst es schaffen, aber du schaffst es nicht allein«, so zu gestalten, dass man von Menschen umgeben ist, die ähnliche Ziele haben wie man selbst. Besonders in Krisen braucht man Menschen in seiner Umgebung, die um das Problem wissen und einem gegebenenfalls unter die Arme greifen können. Denn jeder wird einmal schwach. Ein offener Umgang mit der eigenen Problematik im Familien-, Kollegen- oder Freundeskreis zahlt sich spätestens dann aus. Vor allem intensive Kontakte zu Menschen, die das Problem aus eigener Erfahrung kennen, können in Krisen sehr hilfreich sein. Dies ist einer der Gründe, Kontakte zu Selbsthilfegruppen oder Gleichgesinnten zu pflegen. Das Motto »Einer trage des anderen Last« bzw. »Geteiltes Leid ist halbes Leid« kann hier wechselseitig gelebt werden. Über unsere eigene Entwicklung hinaus bilden wir dadurch Keime neuer, guter sozialer Gemeinschaften. Auch das ist ein Stück Lebensqualität.

Glück – Sinn – Beziehung

Was können wir tun, um in diesem Sinne neue, gute Gemeinschaften zu bilden, die uns im Leben tragen? Folgende Fragen können uns dabei richtungsweisend sein:

- Wo kann ich anderen eine Freude machen?
- Wo werde ich gebraucht, wo ist eine Aufgabe unerledigt?
- Wo könnte man etwas verbessern, was kann ich dazu beitragen (wenn es auch nur wenig ist)?
- Was ist eine günstige Situation, um meine Dienste anzubieten bzw. Kontakte zu knüpfen?
- Muss ich wirklich Geld dafür bekommen oder kann ich es auch ehrenamtlich tun?

Sie werden sich vielleicht wundern, dass es bei diesen Fragen gar nicht darum geht, was Sie selbst brauchen. Aber im Grunde brauchen wir doch dasselbe wie andere Menschen! Wir können und müssen es uns gegenseitig geben. Es gibt keine »guten Eltern« mehr für uns, wir sind »verwaiste Geschwister« und müssen gegenseitig für uns sorgen. Es ist gerade das Geheimnis der Liebe, dass sie wächst, wenn man sie gibt.

Eine Gemeinschaft lebt von den Beiträgen der Einzelnen. Buchhalterisch betrachtet heißt das: Die Summe dessen, was die Einzelnen geben, muss größer sein als die Summe dessen, was die Einzelnen nehmen. Diese Zusammenhänge sind seit über 2000 Jahren bekannt und finden sich in dem Bibelwort »Geben ist seliger denn Nehmen«.

Früher waren die Beiträge der Einzelnen durch eine soziale oder moralische Ordnung vorgegeben. Heute nehmen die individuellen Freiräume und die Verantwortlichkeiten zu. Jeder kann und muss weitgehend selbst entscheiden, wie er die Bilanz seines Gebens und Nehmens in der Partnerschaft oder in den sozialen Systemen gestaltet.

Auf welche Grundsätze können wir unser Verhalten gründen?

Zunächst müssen wir uns gewisse soziale Gesetze bewusst machen und die zerfallenden äußeren Regeln durch frei gewählte innere Entscheidungen und Werte ersetzen. Wir müssen uns klar darüber sein, dass eine Gemeinschaft nur leben kann, wenn wir selbst, wie jeder andere auch, mehr einbringen, als wir herausnehmen. Auf dieser Einstellung funktionierten unsere solidarischen sozialen Versorgungssysteme. Dass sich die Balance aus verschiedenen Gründen verschoben hat und die Systeme am Zerfallen sind, ist allen bekannt. Wenn wir anfangen, darauf zu achten, ob wir vielleicht etwas mehr beigetragen haben könnten als ein anderer, hat der Zerfallsprozess bereits begonnen. Die Gemeinschaft kann nur leben, wenn jeder ohne nachzudenken bereit ist, mehr zu geben, als zu nehmen. Erst wenn wir in uns ganz bewusst diese Haltung aufbauen, ohne auf den Nachbarn zur Rechten oder zur Linken zu achten, werden die Systeme wieder funktionieren. Exemplarisch sei als weiterführende Übungsanleitung auf das Büchlein *Die Tugenden* von Herbert Witzenmann hingewiesen.

Auf unser Alltagsleben bezogen heißt das, dass wir in jeder kleinen Situation entscheiden können (und müssen), ob wir sie im egoistischen Sinne oder im sozialen bzw. im sogenannten altruistischen Sinne entscheiden. Wir müssen uns dabei nicht völlig selbstlos aufopfern. Wer sich völlig selbstlos zu verhalten scheint, erwartet meist auf anderer Ebene eine Gegenleistung. Es ist daher offener und ehrlicher, wenn wir zunächst eine ausgeglichene Bilanz anstreben und von da aus im Zweifelsfalle eher etwas »zugeben« (bzw. nachgeben) und im Sinne der Bedürfnisse der anderen entscheiden. Der Blick auf eine zweite Ebene des sozialen Prozesses kann uns diese Entscheidung etwas erleichtern.

Was können und müssen wir tun, um unser Zusammenleben positiv zu gestalten?

Aufgrund der seelischen Veränderung im Alter ziehen sich viele Menschen zunehmend in sich zurück und werden misstrauischer. Sie wünschen sich oder erwarten, dass andere auf sie zugehen mögen – und dies besonders von ihrer Familie. Die anderen können oder wollen die Erwartung aber oft nicht im gewünschten Maße erfüllen. Dabei sind viele Ältere oder alleinstehende Menschen in der gleichen Situation: Sie müssten nur den ersten Schritt tun und sich nicht von skeptischen Reaktionen entmutigen lassen. »Es gibt nichts Gutes, außer man tut es«, schreibt Erich Kästner dazu. Das verlangt, dass wir uns aus unserem Selbstbezug etwas lösen und uns für andere wirklich interessieren. »Interesse« heißt: »dazwischen sein«, also bei den anderen sein und nicht bei uns. Laut Rudolf Steiner ist Interesse die höchste Form geistiger Liebe.

Durch die positive Offenheit zu anderen Menschen verbessern wir aber nicht nur das soziale Klima zwischen uns. Die Begegnungsoffenheit ermöglicht auch dem Schicksal (oder dem Zufall, wenn Sie wollen), uns mit für unsere Entwicklung hilfreichen Menschen zusammenzubringen. Denken Sie zum Beispiel an Urlaubsbekanntschaften oder ein Gespräch im Zug, bei dem man den Partner fürs Lebens kennen lernt. Wenn wir mit einer positiven Grundstimmung aufeinander zugehen, ergeben sich nicht selten wichtige Begegnungen. Im Grunde dienen Feste oder Kneipenbesuche demselben Zweck. Der Alltag kann dem Schicksal bzw. Zufall viel mehr Möglichkeiten geben, wenn es uns gelingt, uns aus unserem selbst gewählten inneren Rückzug offener der Welt zuzuwenden.

Dieses offene Zugehen auf andere ist der »Stoff«, aus dem befriedigende Begegnungen »gemacht« sind. Wenn wir es schaffen, uns diesen inneren Ruck zu geben und in unseren Gedanken nicht mehr bei uns selbst, sondern beim anderen oder bei dem zu sein, was wir gerade tun, strömen Sympathiekräfte in unser Tun hinein. Diese Kräfte erwärmen und beruhigen unsere Seele. Es entsteht eine positive Stimmung, ein Gefühl von »Sinn«.

Der Sinn entsteht also nicht im Nutzen für uns, sondern im Eintauchen in ein wohlwollendes Tun. Sinn kann man sich nicht ausdenken. Man kann ihn auch nicht in sich oder für sich selbst finden. Er entsteht – zumindest aus unserer menschlichen Perspektive – erst im Bezug zu anderen Menschen. Dort, wo »zwei in einem guten Sinn« zusammen sind, wo sie es »gut« machen wollen, kann eine gute Stimmung entstehen, ein Gefühl von Wärme.

Die Art, wie wir auf einen ungeduldigen Mitmenschen oder auf nervende Kinder reagieren, wie wir mit der Kassiererin an der Kasse sprechen oder mit dem Postbeamten am Schalter, trägt unsere persönliche Handschrift, hinterlässt kleine Spuren, gestaltet ein Stückchen Welt. Unsere innere Einstellung und Befindlichkeit strahlen wir in unsere Umgebung aus. Wie wir auf andere Menschen zugehen, hat einen großen Einfluss auf deren Verhalten. Der Volksmund sagt ganz treffend: »Wie man in den Wald hinein ruft, so schallt es heraus.«

Wertschätzung

Ob ich liebevoll und geduldig mit einem anderen Menschen oder auch einem Gegenstand umgehe, hängt sehr davon ab, was er mir bedeutet, das heißt, ob ich seinen »Wert schätze«. Wertschätzung ist ein zentraler Begriff bzw. ein zentrales Problem in unserer Kultur geworden. Darüber wurde schon einiges geschrieben, zum Beispiel von Barbara Mettler-von Maibom. Wenn ich den Wert von etwas schätze, wenn er mir liebenswert ist, dann baue ich eine Beziehung zu ihm auf, verbinde mich mit ihm. Diese Beziehung hat eine reale Wirksamkeit auf den anderen. Dies gilt nicht nur für Menschen, sondern auch für Tiere, Pflanzen und sogar Rohstoffe. Ich gehe evtl. anders mit Wasser, Nahrungsmitteln, Energieträgern oder Bauholz um, wenn ich ein Bewusstsein davon habe, dass diese Stoffe Teil von Naturkreisläufen sind. Das darf aber nicht nur intellektuelle Erkenntnis bleiben, sondern muss innerlich gefühltes Erlebnis werden. Dann erst entsteht die beschriebene Kraftbeziehung, zum Beispiel durch intensives Miterleben der Umgebung oder durch Meditation und Gebet. Aus dieser liebevollen Bezogenheit heraus werde ich Dinge ebenso weniger sorglos wegschmeißen und durch vermeintlich bessere »neue« ersetzen wie Mitarbeiter in einem Betrieb. Die »Objekte« wechseln, die Haltung der »Wegwerfgesellschaft« ist die gleiche! Wenn ich zu einem Mitarbeiter einen Bezug habe, ihn wertschätze, werde ich geduldiger mit seinen Fehlern umgehen, werde ihn eher beim Lernen unterstützen – zumindest solange er selbst wiederum einen liebevollen Bezug zu seiner Arbeit hat und diese nicht nur als »Job« sieht, was zwar »cool«, aber nicht gerade wertschätzend klingen mag. Sie bemerken, wie tief sich der Werteverlust in unserer Gesellschaft schleichend ausbreitet. Das Krankmachende wird sogar noch als erstrebenswert dargestellt. Vielleicht ist es an der Zeit, durch eine innere Arbeit dazu beizutragen, dass »Wert« nicht nur eine finanzielle Größe ist. Wert entsteht durch Beziehungen und Bezogenheit. An dieser Stelle soll der kurze Hinweis nicht fehlen, dass auch hier eine gewisse Mitte zwischen dem »Sich-Verbinden« und »Loslassen« einzuhalten ist. Denn wer sich mit allem und jedem verbindet, verliert sich selbst, wird sentimental, kann seine Ziele nicht mehr verfolgen oder endet gar als »Messie«, der im Müll in seiner Wohnung erstickt.

Wertschöpfung und Gemeinschaftsbildung

Indem wir in Beziehungssituationen ganz bewusst mit einem

neuen, positiven Impuls hineingehen, schaffen wir neue, gute

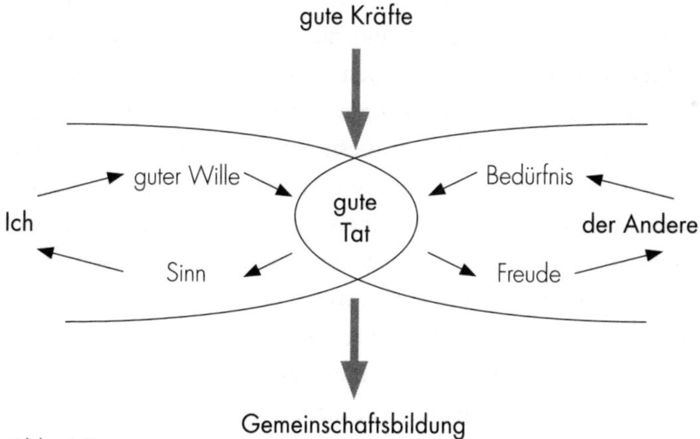

Abb. 18

Anfänge. Das ist ein Aspekt von nicht-materieller Wertschöpfung. Diese immateriellen Werte bilden die Grundlage einer Gesellschaft, die innerlich so gesund ist, dass dauerhaft materielle Wertschöpfung möglich bleibt. Wie wir mit uns selbst, mit anderen, mit der Natur umgehen, fällt langfristig auf uns selbst zurück. Das gute Gefühl, das wir im anderen bewirken, strahlt sogar sehr viel schneller auf uns selbst zurück. Diese positive Kraft erleben wir in der Seele als Sinn-Gefühl (siehe Abb. 18). Was heißt das konkret?

Wenn wir in uns selbst kreisen, uns zurückziehen oder grübeln, trennen wir uns selbst ab von der Quelle der guten Kräfte. Dadurch müssen wir unser Leben als sinnlos erleben. Wir hoffen, dass jemand auf uns zukommt und uns »erlöst«, weil wir uns hilflos wie ein Kind fühlen. Aber das sehen wir nur so, weil wir gefangen sind in unserer seelischen, selbstbezogenen Perspektive. Wenn wir versuchen, uns mit den Augen eines anderen, liebevollen Menschen zu betrachten, erkennen wir schnell, dass wir nur einen Teil von uns sehen, nämlich den schwachen, hilflosen, leidenden, eben das traurige oder wütende Kind in uns. Daneben steht in uns ein vorwurfsvoller, fordernder Teil, der das Kind beschimpft, weil es so ein »Versager« ist. Oft spiegelt diese »innere Stimme« die Sätze wieder, mit denen uns früher die Menschen in unserer Umgebung verurteilt haben. Zwischen diesen beiden Teilen ist kein Platz für etwas Gutes, für neue Anfänge aus uns selbst heraus. Daher hoffen wir verzweifelt, dass ein anderer kommt, der uns hilft. Aber oft kommt niemand – oder nur vorübergehend. So bleibt uns also nichts anderes übrig, als doch den Anfang in uns selbst zu machen – genauer: im Umgang mit den Teilen in uns selbst.

Wenn es keine »gute Mutter«, keine Helfer um uns herum gibt, müssen wir sie in unserem Bewusstsein selbst aufbauen, so wie es in diesem Buch beschrieben wurde. Wir müssen die erste, elterliche Erziehung in unserem Leben durch eine zweite Selbst-Erziehung ergänzen und weiterführen. Man könnte das als einen »zweiten Bildungsweg« zum Leben-Lernen bezeichnen. Nur wenn wir uns selbst annehmen und bereit sind, uns liebevoll-geduldig weiter zu entwickeln, können wir auch andere liebevoll annehmen und begleiten. Dazu gehört auch die bewusste, liebevolle Gestaltung unseres Alltags.

Über die Bedeutung von Ritualen für eine gute Selbstentwicklung

An dieser Stelle scheint ein Hinweis auf die Bedeutung und die Kraft, die in Ritualen steckt, sinnvoll und hilfreich. In unserer Geschichte und in vielen anderen Kulturen spielen Rituale in Beziehungen, bei Festen oder im Jahreslauf eine große Rolle. Denken Sie z. B. an die Bedeutung von Geburtstagen, Namenstagen oder Jubiläen, an kirchliche Rituale wie Taufen, Gottesdienste und Heiraten oder an Fasching, Erntedankfeste oder Weihnachten bzw. Silvester. Rituale geben Halt, strukturieren längere Lebensabschnitte, schaffen Vorfreude und betonen besondere Momente, sodass sie sich besser in unsere Erinnerungen einprägen. Sie schaffen größere oder kleinere Höhepunkte im Leben, was sich z. B. in dem Ausdruck »Hoch-Zeit« ausdrückt.

Für ein positives Lebensgefühl ist die bewusste Ausgestaltung von Ritualen wichtig. Vielleicht erfinden wir für uns selbst, unsere Partnerschaft, unsere Familie oder zusammen mit unseren Freunden sogar *neue* Rituale. Jenseits der genannten größeren Ereignisse können auch andere, wiederkehrende kleinere Ereignisse in diesem Sinne bewusst gestaltet werden. Wie z. B. das gemeinsame Sonntagsfrühstück, die Kegelrunde oder auch Gruppen, in denen wir an irgendwelchen Inhalten gemeinsam arbeiten. Wir können z. B. dazu eine Kerze anmachen, mit einem Spruch beginnen oder mit einem Lied. Wenn sich die Fußballer vor dem Spiel in einem Kreis zusammenfinden und einen bestimmten Satz gemeinsam rufen, handelt es sich um ein solches Ritual, das Kraft gibt. Dasselbe gilt natürlich auch für das Singen der Nationalhymne vor Länderspielen. Sie sehen: Rituale durchdringen unseren Alltag. Wir können und sollten ihre Kraft bewusst nutzen.

Zur Gestaltung von Ritualen sind einige Punkte zu beachten:

1. Rituale kann man nicht verschieben, sie sind an feste Zeiten gebunden. Daraus beziehen sie ihre ordnende und Halt gebende Kraft auf das Gemüt, dass sie unabhängig von unserer Laune und unserer Stimmung stattfinden »müssen«.

Wir ignorieren weitgehend bei der Vorbereitung unsere momentanen Gefühle und handeln aus der Vernunft oder einem Verantwortungsgefühl heraus. Nicht selten haben wir vorher eigentlich gar keine Lust oder fühlen uns etwas überfordert, aber nachher war es gut! Damit haben wir ein typisches Beispiel dafür, dass es langfristig besser sein kann, der Vernunft und nicht dem Gefühl zu folgen, wie es schon mehrfach in diesem Buch betont wurde.

2. Man muss sich die Mühe machen, die Rituale schön zu gestalten, auch wenn das einem aus der momentanen Stimmung heraus schwer fällt. Wir bringen uns durch unsere Initiative aktiv in eine andere Stimmung, ziehen uns über die »Pflicht« aus dem emotionalen Sumpf. Das verlangt eine gewisse Selbstdisziplin. Wenn wir es nicht primär für uns tun, dann wenigstens für die anderen. Diese Haltung fördert die Führung der Willenskräfte durch die Gedanken und trägt zu einer positiven Verbindung zwischen den Menschen bei. Letztendlich strahlt die Mühe, die wir uns für »die gute Sache« geben, auf uns selbst zurück.
3. Wir sollten nicht übertreiben und die Gestaltung der Rituale in Wettbewerbe ausarten lassen. Das Wesentliche ist, dass wir an den Anlässen zusammenkommen und dass alle den »guten Willen« bemerken. Es geht nicht darum, zu protzen oder sich selbst aufzureiben, sondern um die emotionale Qualität *in* der Begegnungssituation und um die Geste. Das Wesentliche tun die teilnehmenden Menschen mit ihren inneren Begegnungen und Erlebnissen dazu. Diese müssen nicht beeindruckt werden. Das Ritual soll nicht zu einem leeren Selbstzweck werden, es liefert nur den Rahmen für die zwischenmenschlichen Begegnungen. Dieser Rahmen muss nicht üppig sein, sondern nur liebevoll und

bewusst gestaltet. Demnach muss es auch nicht teuer sein! Wir sollten also nicht zu viel Kraft in das Äußere stecken und vor uns einen Berg aufbauen, der uns eventuell sogar daran hindern kann, das geplante Fest durchzuführen. Das Wichtigste ist, dass wir die Dinge tun, die uns gut tun.

4. Diese Haltung gilt auch für die kleinen Rituale im Alltag, die wir für uns selbst oder die Familie gestalten: dazu gehört der Start in den Tag, die morgendliche Körperpflege, der Frühstückstisch, eventuell ein Tischgebet, das das Bewusstsein von der Nahrungsaufnahme auf den Lebensumkreis lenkt, die Verabschiedung unserer Partner und Angehörigen und die Begrüßung, wenn sie wieder heimkehren, gemeinsame Freizeitgestaltungen, intime Begegnungen, die Gestaltung von Wochenenden oder Festtagen usw. So kommen wir vom Kleinen zum Großen. Auch die kleinen Dinge sollten wir bewusst schön und liebevoll gestalten, sodass wir uns auf sie etwas freuen können, auch wenn es kurzfristig eine kleine Mühe macht: Dazu gehören z. B. eine angenehme Weckermelodie, ein gut riechendes Deo (das wir uns bewusst ausgesucht oder geschenkt bekommen haben), ein schöner Frühstückstisch, eventuell mit einer Blume oder ein paar Dingen zum Essen oder zum Trinken, die wir mögen; ein paar Kleidungs- oder Schmuckstücke, die wir gerne haben, kurze intensive Blicke in die Augen der anderen Menschen beim Kommen und Gehen (oder in den Spiegel, wenn wir alleine leben).

Diese Momente der Achtsamkeit adeln unseren Alltag, setzen ihm kleine Glanzlichter auf. Das wirkt zurück auf unsere Grundstimmung, »füttert« uns mit emotionalen »Zuckerstückchen«, so wie ein guter Reiter sein Pferd belohnt. Wie das positive Tagebuch im Großen, tragen diese kleinen Handlungen zu einer bewusst herbeigeführten, positiven emotionalen Lebensbilanz bei, mit dem Ergebnis, dass sich das Leben zumindest immer wieder einmal gut anfühlt. In der Summe tragen uns dann diese guten Momente über die unvermeidlichen schwierigen Phasen hinweg. Durch die bewusste Gestaltung und das bewusste Erleben der guten Momente haben diese sich in unsere bewussten Erinnerungen eingeprägt und sind für uns daher auch bewusst erinnerbar, wenn wir uns einmal nicht so gut fühlen.

Das kann die unbewusste Tragekraft, die durch die Handlungen im emotionalen Gedächtnis angelegt wird, unterstützen. Durch solche Rituale tun wir also nicht nur etwas für unser Umfeld, sondern auch für uns selbst. Und eine angemessene Selbstliebe ist die Brücke zur Nächstenliebe, genau wie es im Bibelwort »liebe deinen Nächsten wie dich selbst« gesagt wird.

Wie können wir zum Mitfühlen kommen?

Diese Frage rührt an unsere grundsätzlichen mitmenschlichen Fähigkeiten: Wie könnte es überhaupt ein Verstehen, ja eine tiefere Verbindung zwischen Menschen geben, wenn wir nicht zumindest qualitativ das Erleben des anderen mitfühlen könnten!

Auch wenn das Ausmaß des Erlebens sicherlich unterschiedlich ist, scheint doch in der Erlebens*qualität* eine Brücke von Mensch zu Mensch möglich zu sein, die man Mitgefühl bzw. Empathie nennt. So wie ein Wassertropfen ähnliche Eigenschaften hat wie das ganze Meer, scheint es auch möglich zu sein, durch die Fähigkeit des Mitfühlens eine verstehende Verbindung von einem Menschen zum anderen aufzubauen.

Die neurobiologische Forschung hat herausgefunden, dass es bestimmte Zellen in der Großhirnrinde gibt, die aktiv sind, wenn wir uns in andere einfühlen. Das sind die sogenannten »Spiegelneuronen«. Diese Zellen scheinen daran beteiligt zu sein, dass wir unsere eigene Perspektive verlassen und uns in die Perspektive eines anderen hineindenken, also spiegelbildlich handeln können. Bei Autisten, die das nicht können, sind diese Zellen deutlich weniger aktiv. Diese Zellen helfen uns auch bei der Nachahmung und damit beim Erlernen der Begriffe und der Sprache. Eine gemeinsame Begriffs- und Sprachebene erleichtert den Austausch bzw. die Beziehung zwischen Menschen enorm.

Diese Fähigkeit zur Empathie ist eine Quelle großen Trostes für uns Menschen, ermöglicht sie es uns doch, uns aus dem Gefängnis von Einsamkeit und Schmerz zu befreien, in dem wir Menschen alle potenziell stecken bzw. in das wir im Laufe unseres Lebens durch Schicksalsschläge kommen können.

Damit die Empathiekraft wirksam werden kann, ist es notwendig, dass wir unsere Gefühle nicht vor den anderen verstecken, denn sonst können diese sie ja nicht mitfühlen. Diese Gefahr besteht da, wo wir unsere Gefühle abspalten bzw. sie sich hinter Krankheitssymptomen verstecken. Diese Verstrickung in die eigene Gefühlswelt können wir durch eine Achtsamkeitshaltung erkennen und auflösen. Die Achtsamkeitshaltung überwindet die selbstzentriert-subjektive Sicht und fördert eine objektivere Wahrnehmung aus dem Umkreis. Dadurch sehen wir uns tendenziell so, wie uns auch die anderen Menschen sehen. Dies bringt uns gefühlsmäßig den anderen Menschen näher und erleichtert eine Verständigung und das Finden von Lösungen.

Durch die achtsamkeitsvermittelte Überwindung der Selbstzentrierung korrigieren wir unsere konstitutionelle Verzerrung. Wir kommen der »Wahrheit« im Sinne einer überpersönlich-objektiven Perspektive näher. Dies ist die Grundlage neuer, nicht machtorientierter Gemeinschaftsbildungen und ein Schritt zur persönlichen und sozialen Heilung.

Die überpersönliche Dimension des Schmerzes

In Momenten kritischer Selbstreflexion (z.B. auch in einer Psychotherapie) wird vielen Menschen deutlich, dass sich unter der ersten Schicht von Beschwerden (z.B. Ängsten, Schmerzen, Schlafstörungen oder durch bestimmte Lebenssituationen ausgelöste Depressionen) auf einer viel tieferen Schicht eine diffuse Traurigkeit versteckt, die nur schwer zu beschreiben und in Worte zu fassen ist. In der Regel richtet sich dieser Schmerz bzw. diese Traurigkeit nicht auf eine bestimmte Situation; das Gefühl ist formlos-diffus, oft verbunden mit einer gewissen Wärme und Tiefe des Empfindens, besonders bei Menschen mit melancholischem Temperament. Der Schmerz scheint größer als die individuelle Person – man kann den Eindruck bekommen, mit dem Wesen des Schmerzes in der Welt in Berührung zu sein.

Ein ähnliches Erleben begegnet uns im »Weltschmerz« der Pubertierenden, die sich auch ohne konkrete eigene Betroffenheit mit dem Schmerz in der Welt verbunden fühlen. Wenn wir dieses Erleben ernst nehmen und es nicht als sentimental abwerten bzw. hinter Symptomen verstecken, kann es uns zu einem tieferen menschlichen Erleben führen. Rudolf Steiner hat im sogenannten »Samariterkurs« dieses Erleben in folgenden Meditationsspruch geformt:

> Solange du den Schmerz fühlst, der mich meidet,
> lebt das Christuswesen unerkannt im Weltenwirken.

Das bedeutet, dass wir einen wichtigen Teil unserer menschlichen Empfindungstiefe verlieren würden, wenn wir uns von diesem Schmerz abwenden wollten. In vielen Therapien kann man beobachten, dass gerade die Auseinandersetzung und das Annehmen dieses Schmerzes die Voraussetzung für eine tiefere Aussöhnung mit sich und der Welt bildet. Dem Schmerz nicht auszuweichen, sondern »die andere Wange auch noch hinzuhalten«, gibt diesem bekannten Bibelwort eine persönliche und aktuelle Bedeutung. Gemeinsam durchgestandener Schmerz schafft eine tiefe Verbindung zwischen Menschen, sowohl in der Therapie als auch in Freundschaften oder in der Partnerschaft. Sich von dem kurzfristigen Ziel der Schmerzfreiheit zu der Haltung der Schmerzakzeptanz durchzuringen, setzt voraus, dass wir in der Fähigkeit, Schmerzen aushalten zu können, überhaupt einen positiven Wert sehen. Während das Aushalten von Schmerzen am Marterpfahl in Karl May-Büchern oder für den Fakir auf dem Nagelbrett erstrebenswert ist, gilt das in unserer Gesellschaft überwiegend nicht mehr. Wir tendieren eher zur »milden Narkose«. Historisch dienten die Übungen, körperliche Schmerzen (z. B. bei Mutproben) auszuhalten, als Vorbereitung darauf, auch anderen Belastungen im Leben standhalten zu können. In diesem Sinne neigen wir heute vielleicht tatsächlich etwas zur »Verweichlichung«. Die in diesem Buch vorgeschlagenen Übungen sollen weniger auf körperlichem, vielmehr auf seelisch-geistigem Wege helfen, wieder die Kraft des inneren Standhaltens zu erüben, damit wir Belastungen und schmerzhafte Erlebnisse im Leben besser wegstecken können.

Wie auch in der Pubertät dürfen wir nicht im Schmerz stehen bleiben und uns von der Welt zurückziehen. Für den Fortgang des Lebens ist es notwendig, dass wir *neben* den Schmerz positive Anfänge setzen. Der Schmerz entsteht beim Blick auf das Gewordene, auf das, was nicht gut ist oder nicht so, wie es sein könnte. Der Schmerz bindet uns an die Vergangenheit. Der Schmerz und das Leid bekommen erst einen Sinn, wenn in dieses Dunkel der Lichtstrahl der Hoffnung fällt, der aus der Zukunft kommt. In der Hoffnung lebt die Aussicht darauf, dass die Dinge besser gemacht werden können. Wenn wir den inneren Blick in diese Richtung wenden, kann uns die Kraft der Zuversicht zufließen, die wir für die neuen Anfänge brauchen.

Es ist aber nicht leicht, aus der Finsternis eine Brücke zu diesen Hoffnungskräften zu bauen, denn sie brauchen gewissermaßen einen inneren Anknüpfungspunkt, ein Kraftfeld, mit dem sie sich verbinden, in das sie sich hineinsenken können. In diesem inneren Kampf zwischen Licht und Finsternis müssen wir versuchen, Funken zu finden, die innere Kräfte frei setzen.

Wenn es uns schlecht geht, können wir oft diese guten Kräfte in uns selbst nicht finden. Deshalb müssen wir dahin gehen, wo uns die guten Kräfte erreichen können, wie ein Vogel, der dorthin fliegt, wo ihn die warmen Aufwinde tragen. Dazu müssen wir uns von unserem Innenleben wieder der Welt zuwenden. Darzustellen, wie dies gelingen kann, ist das

Anliegen dieses Buches. Packen Sie es an! Zur Unterstützung noch ein meditativer Spruch Rudolf Steiners:

> Licht und Wärme
> des göttlichen / guten Weltengeistes
> hüllen mich ein.

»Jedem Anfang wohnt ein Zauber inne ...«

Dieses Zitat aus einem Gedicht von Hermann Hesse beleuchtet nur die eine Hälfte der Wahrheit, denn leider ist jeder Anfang auch schwer! Darauf wurde in diesem Buch bereits hingewiesen. Wenn Sie jetzt am Ende des Buches motiviert sind, mit einem neuen Lebensimpuls »ernst zu machen», versuchen Sie die zuvor beschriebenen *zwölf Schritte* ernsthaft »zu gehen«. Es ist besser, sich eine konkrete Aufgabe vorzunehmen und diese dann zunächst für einen Tag zu üben. Bitte vergessen Sie nicht, sich dafür angemessen zu loben! Anschließend sind Sie vielleicht motiviert, die Übung eine Woche durchzuführen. Das ist schon eine relativ große Aufgabe! Auch hier bitte das Belohnen nicht vergessen. Sich zu viel auf einmal vorzunehmen, ist der beste Weg, zu scheitern. Im Anhang sind die Übungsanregungen zusammengestellt, auf die in verschiedenen Stellen im Buch hingewiesen wird. Im Grunde ist es egal, mit welcher Übung Sie anfangen. Entscheidend ist, *dass* Sie überhaupt mit dem Üben beginnen!

Bitte werden Sie nicht ungeduldig oder resignativ, wenn Sie immer wieder scheitern! Veränderungsprozesse brauchen sehr lange; wenn sie komplexer Natur sind, ohne weiteres ein bis zwei Jahre. Aus der klinischen Veränderungsforschung wissen wir außerdem, dass es mindestens zwei bis drei sehr ernsthafter Anläufe bedarf, bis es – einigermaßen – klappt. Die Raucher unter den Lesenden wissen das, und Mark Twain – offensichtlich ein Kenner der Materie – sagte dazu: »Rauchen aufhören ist das Leichteste auf der Welt – ich habe es schon tausendmal geschafft!«

Und vergessen Sie bitte nicht Ihre armen Mitmenschen: Stellen Sie sich vor, dass Ihre Selbstveränderung schnell verliefe. Dies würde die Menschen in Ihrer Umgebung hochgradig verwirren. Schließlich haben die sich doch daran gewöhnt, dass Sie so sind, wie Sie sind. Und vielleicht mögen die Sie ja genauso, wie Sie sind! Geben Sie auch den anderen Menschen Zeit, sich an Ihren Entwicklungsprozess anzupassen.

Also: Denken Sie an Sisyphus, definieren Sie sich als lebenslänglich auf dem Weg befindlich. Fangen Sie immer wieder neu an und bleiben Sie entspannt dabei. Der Weg ist das Ziel …

Ich gehe die Straße entlang.
Da ist ein tiefes Loch im Gehsteig.
Ich falle hinein.
Ich bin verloren … Ich bin ohne Hoffnung.
Es ist nicht meine Schuld.
Es dauert endlos, wieder herauszukommen.

Ich gehe dieselbe Straße entlang.
Da ist ein tiefes Loch im Gehsteig.
Ich tue so, als sähe ich es nicht.
Ich falle wieder hinein.

Ich kann nicht glauben, schon wieder am gleichen Ort zu sein.
Aber ist es nicht meine Schuld?
Immer noch dauert es sehr lange, herauszukommen.

Ich gehe dieselbe Straße entlang.
Da ist ein tiefes Loch im Gehsteig.
Ich sehe es.
Ich falle immer noch hinein … aus Gewohnheit.
Meine Augen sind offen.
Ich weiß, wo ich bin.
Es ist meine eigene Schuld.
Ich komme sofort heraus.

Ich gehe dieselbe Straße entlang.
Da ist ein tiefes Loch im Gehsteig.
Ich gehe darum herum.

Ich gehe eine andere Straße.

(Aus: *Das tibetanische Buch vom Leben und vom Sterben*)

Anhang

Die Jahrsiebte im Einzelnen

1. Jahrsiebt (0 bis 7 Jahre)

Der Mensch kommt im Vergleich zu den Tieren unausgereift und eigentlich »zu früh« auf die Welt. Er braucht viel länger, um zum Beispiel laufen zu lernen. Auch seelisch ist er sehr empfindsam und braucht nach der Geburt noch eine soziale »Gebärmutter«, in deren Schutz er in Ruhe seinen Leib weiter aufbauen kann. Diese Betonung des aufbauenden Stoffwechsels zeigt sich in der überproportional großen Leber und dem großen Schlafbedürfnis, denn im Schlaf ist der Aufbaustoffwechsel besonders ausgeprägt. Das Nerven-Sinnes-System sollte dagegen nur dosiert und kontrolliert-gleichmäßig stimuliert werden. Diese Stimulation schlägt sich neurobiologisch in den sich aufbauenden Verknüpfungen zwischen Nervenzellen und Bahnungsvorgängen nieder, die die Grundlage unseres späteren Erlebens bilden. Hier kommt den Eltern eine große Verantwortung zu, denn in den ersten Lebensmonaten und -jahren ist die neuronale Plastizität (d.h. die Formbarkeit der Nervenverbindungen) am größten und wesentliche Verknüpfungen im Nerven-Sinnes-System werden in dieser Zeit angelegt.

Die Aufgabe ist also zunächst ein Ergreifen und Individualisieren der Körpersubstanz in angemessener Ruhe. Dies fördert die Ausbildung des sogenannten »Lebenssinnes« mit dem Grundgefühl: *»Das ist mein Leib.«* Bei Störungen kann es zum Beispiel zu Dissoziationsneigungen und anorektischen Essstörungen kommen.

Im nächsten Schritt stehen das Erforschen der unmittelbaren Umwelt und der Körpergrenzen durch den Tastsinn und die Entwicklung der eigenen Bewegungsmöglichkeiten (Eigen-Bewegungs- und Gleichgewichtssinn) im Zentrum. Hier ist es wichtig, dass das Kind »Selbst-Ständigkeit« lernt und das Erlebnis hat, sich auch ohne die Hilfe von Erwachsenen aufrichten und gehen lernen zu können. Hier wird die körperliche Grundlage zu einem Grund-Selbstvertrauen und eine gewisse Ausdauer angelegt mit dem Gefühl: *»Ich kann das allein schaffen, wenn ich mich anstrenge.«* Hier sei auf das Buch *Lass' mir Zeit* von Emmi Pikler zur Bewegungserziehung verwiesen. Bei Störungen kann es zu abhängigen Beziehungsmustern, zum mangelnden Vertrauen in die eigenen Fähigkeiten und zu einer gewissen »Schwächeneigung« kommen. In diesem Zusammenhang ist es vorteilhaft, wenn die vom Kind angefassten Materialien und Gegenstände »berechenbar« sind und nicht unvorhergesehen reagieren, wie z.B. bestimmtes elektronisches Spielzeug.

Im positiven Fall entsteht so das Bild, von der Umwelt getragen und geschützt zu werden und sich in Ruhe entwickeln zu können (Urvertrauen). Der Mensch kann einen sicheren inneren Erlebensmittelpunkt aufbauen: *»Die Welt ist gut.«* Bei Störungen in der Berechenbarkeit der Umgebung und unkontrolliert wechselnder Befindlichkeit können sich emotionale Instabilität und Borderline-Strukturen mit diffusen bzw. generalisierten Ängsten entwickeln.

2. Jahrsiebt (7. bis 14. Lebensjahr)

An dieser Schwelle findet die Leibbildung einen gewissen Abschluss, was sich an dem beginnenden Zahnwechsel zeigt. Die Bildekräfte werden aus der Organbildung freier und stehen für die Gewohnheitsbildung und grundlegende, möglichst erlebensnahe, anschauliche und ganzheitliche Lernprozesse zur Verfügung: *»Die Welt ist schön.«*

Hier wird die Fähigkeit zur liebevollen Zuwendung, zum Staunen und zur Andacht angelegt. Dies sind die Fähigkeiten, die das »innere Kind« auszeichnen. Wird das Kind dagegen überwiegend kühl-intellektuell gefordert und muss verfrüht ein »vernünftiges« Verhalten zeigen, treten diese kindhaft-unbefangenen Erlebnisfähigkeiten in den Hintergrund und es bildet sich ein »innerer Manager« aus, der zwar in seinen sozialen Rollen gut funktioniert, aber dessen inneres Erleben zu verkümmern droht. Mögliche spätere Störungen als Folge dieser Überanpassung sind Gefühle ängstlich-depressiver Überforderung bis zu Panikstörungen.

In diesem Lebensabschnitt sollte die komplexe, grob- und feinmotorische Bewegungsentwicklung gefördert werden, zum Beispiel durch Sport und das Erlernen eines Musikinstrumentes. Hier können Fertigkeiten noch neurobiologisch angelegt werden, die *so* später nicht mehr erlernt werden können. Körperlich wird das Herz-Lungen-System trainiert und entwickelt, die mittleren Sinne (Sehen, Hören, Riechen, Schmecken) und das Rhythmusgefühl. Seelisch muss die Ausdauer und die Überwindung von Widerständen (z.B. beim Sport oder beim Musizieren) geübt werden: Es lohnt sich, sich anzustrengen, die Dinge lassen sich kontrollieren. So baut sich ein Selbstbewusstsein auch bei komplexeren Aufgaben auf. Gefördert wird dies durch unhinterfragte Gesetzmäßigkeiten im Sinne einer positiven Autorität durch Vorbilder und durch liebevoll-geduldige Begleitung. Hier werden auch die Grundlagen der moralischen Erziehung gelegt (Umgang mit Lügen und Stehlen).

Um den sogenannten »Rubikon« im 9. bis 10. Lebensjahr, an dem die Kinder aus einer träumerischen Sicherheit gegenüber den Eltern und der Welt unwiederbringlich herausfallen, tritt eine gewisse seelische Mittelpunktsbildung und ein Gefühl für das Eigensein auf, manchmal begleitet von Einsamkeitsgefühlen. Der Stolz auf die eigenen, bleibenden Zähne ist ein äußerer Ausdruck davon. Die Verbindung mit anderen wird bewusster wahrgenommen und gewählt. Es entstehen erste Freundschaften und Gruppenbildungen in Abgrenzung zu anderen (»Mädchen sind doof«). Trennungen der Eltern in diesem Alter können das Einsamkeitsgefühl in diesem Alter bedrohlich vertiefen, besonders wenn die Kinder in seelische Auseinandersetzungen der Eltern hineingezogen werden. Dies kann Tendenzen, zu früh vernünftig zu werden und sich verantwortlich zu fühlen, verstärken.

3. Jahrsiebt (14. bis 21. Lebensjahr)

Die Pubertät bzw. das Eintreten der Geschlechtsreife mit Ausbildung der bleibenden Stoffwechsel- und Gliedmaßengestalt markiert den Übergang zum dritten Jahrsiebt. Die Denkkräfte können jetzt auch abstrakt (d.h. abgezogen) angewendet werden, ohne dass dadurch dem Leib etwas entzogen wird. Wir entwickeln unsere ersten eigenen Meinungen, erleben einen gewissen Mittelpunkt in unserem Denken. Dieses Denken hilft, die Welt in ihrem Aufbau und in ihren Gesetzmäßigkeiten zu durchdringen und zu verstehen: *»Die Welt ist wahr.«* Im Seelischen sind jetzt Kräfte frei zur differenzierten Wahrnehmung anderer Individualitäten (Ich-Sinn). Es werden Mitgefühl und Abscheu empfunden, die Welt wird polar gegliedert in Gut und Böse (seelische Einstellung zur Welt). Vorbilder werden hinterfragt und freier gewählt. Die Meinung der Gleichaltrigen wird wichtiger als die Werte der Eltern. Die eigenen Möglichkeiten und Grenzen werden ausgetestet, ernsthaft Hobbys entwickelt, Paarbeziehungen angebahnt und gelöst, erste sexuelle Erfahrungen gemacht, der Umgang mit Lust und Schmerz erlernt (ich erfahre mich durch die Welt). Konnte in den ersten zwei Jahrsiebten kein stabiler innerer Mittelpunkt aufgebaut werden, droht durch diesen Erlebnissog die Entwicklung von Süchten, von Kontakt- bzw. Beziehungsstörungen, Impulskontrollstörungen (wie z.B. Bulimie), Phobien, möglicherweise auch Zwängen. Bundeswehr und Zivildienst geben hier eine Hilfe, durch ein gewisses »Dienen« Selbstkontrolle zu lernen, und wirken überschießenden egoistisch-antisozialen Impulsen entgegen. Um das 19. Lebensjahr herum leuchten manchmal kurz und diffus eigene berufliche Ideale auf, die nicht übergangen, sondern ernst genommen werden sollten. Vielleicht reicht auch die eigene Mittelpunktskraft nicht aus, sich gegen die Vorschläge oder Erwartungen der Umwelt durchzusetzen. Diese Lebensaufgaben bzw. Intentionen melden sich dann häufig später wieder.

4. Jahrsiebt (21. bis 28. Lebensjahr)

Bis zum 21. Lebensjahr wird der Mensch wesentlich von Vorstellungen und Einflüssen aus der Umwelt, also von anderen Individualitäten als seinem eigenen Ich, geprägt. Das eigene Ich ist bis dahin unbewusst aufbauend tätig. Um das 21. Lebensjahr herum wird von der Ich-Geburt gesprochen in dem Sinne, dass der Mensch mit größerer Bewusstheit erlebt, »das ist *mein* Leben, aus dem ich etwas machen muss«. Oft geht dieses Erwachen des Ich-Bewusstseins einher mit Gefährdungsmomenten bzw. krisenhaften Erlebnissen. Abhängig davon, ob der Mensch zum Beispiel nach einer Lehre schon im Arbeitsleben steht oder als Student noch eine verlängerte Pubertät genießen darf, muss er anfangen, mehr oder weniger stark, vom Ich her an seinem Seelenleben zu arbeiten, um angemessen auf die Anforderungen der Umwelt und seine spontanen Gefühlsregungen Einfluss zu nehmen.

Im vierten Jahrsiebt werden die im dritten Jahrsiebt noch elementar erlebten Gefühle innerlicher und persönlicher. Der Mensch begegnet der Welt, bildet sich, reist, lernt, bezieht Position, bildet seine differenzierte Meinung, seine Sicht der Welt aus und engagiert sich in ihr, ergreift leidenschaftlich Partei, noch aus eher emotionaler Perspektive. Leitfragen sind: Mag ich etwas oder nicht? Wie empfinde ich die Welt? Was macht mir Spaß? Wo gefällt es mir? Habe ich Lust zu etwas oder nicht?

Wir können uns noch leicht mit Gleichgesinnten verbinden, zum Beispiel in Wohngemeinschaft, Projekten oder auf Urlaubsreisen. Wir wollen die Welt erleben, verstehen und kennen lernen. Die Bereitschaft, sich mit einer Idee (oder auch Ideologie) zu verbinden, ist groß, auch die Einsatz- und Risikobereitschaft, zum Beispiel bei Auslandsreisen oder in sozialen Projekten. Es sind die Lehr- und Wanderjahre, es herrscht »Sturm und Drang«.

Aus psychotherapeutischer Sicht stellt sich hier die Frage, ob diese Selbstentfaltung den inneren Idealen gemäß möglich war oder ob sie durch innere oder äußere Einflüsse bzw. Sachzwänge gehemmt wurde, zum Beispiel durch frühe Elternschaft, finanzielle Nöte oder intensive Berufstätigkeit.

Manche Menschen müssen hier schon die Früchte negativer Entwicklungsbedingungen im zweiten und dritten Lebensjahrsiebt »ernten«, wenn sie zum Beispiel aus belastenden Elternhäusern in frühe Ehen flüchten oder durch negative frühere Erfahrungen in der Partnerwahl immer wieder an Menschen geraten, in denen sich traumatische Beziehungsmuster wiederholen (z.B. bei Töchtern von Alkoholikern). Auch im dritten Jahrsiebt infolge des fehlenden inneren Mittelpunkts angelegte Impulskontrollschwächen können angesichts der zunehmenden äußeren Belastungen zum Beispiel in manifesten Süchten, Bulimien oder Borderline-Störungen dekompensieren. Eine in diesem Lebensalter einsetzende Psychotherapie kann hier vieles »gerade biegen« und ein angemessenes »Freischwimmen« des Ich aus den biografischen Altlasten fördern.

5. Jahrsiebt (28. bis 35. Lebensjahr)

Wie angedeutet, werden Menschen mit frühem Beginn der Erwerbstätigkeit bzw. früher Familiengründung schneller von der nüchternen Alltagsrealität eingeholt; aber auch bei Menschen, die nach einer Lehre noch eine weitere Ausbildung anschließen bzw. bei Studenten setzt jetzt spätestens mit Ende 20 eine deutliche Änderung der Seelenverfassung ein, die die ganze Einstellung zur Welt vom Emotionalen zum Rational-Pragmatischen verschiebt. Auch Sozialromantiker werden plötzlich materialistisch und begeistern sich dafür, was man wo am billigsten kaufen kann. Materielle Güter und eine gewisse Bequemlichkeit werden wichtiger, das Verhalten wird zielstrebiger und ergebnisorientierter. Man findet seine berufliche Position, versucht Einfluss und Verantwortung zu erlangen, das Selbst verwirklicht sich durch die Aufgabe. Mit der Verantwortung kommen aber auch Zweifel auf: Kann ich das, bin ich gut genug? Was leisten andere? Was sind objektive Maßstäbe, was bin ich (auch gehaltsmäßig) wirklich wert?

Das Erleben und Verhalten wird zunehmend vom Verstand her geordnet, Gewohnheiten entsprechend verändert bzw. neu aufgebaut. Die Rituale der Primärfamilie (wie wird der Weihnachtsbaum geschmückt?) tauchen wieder auf, und wir müssen eine eigene Form finden. Erste Routine zieht ein sowie eine »gesunde Desillusionierung«, was die großen Ideale der Sturm- und Drang-Zeit anbelangt; die Sehnsucht nach einer »schönen, privaten, heilen Welt« wächst. Was im zweiten Jahrsiebt von der Umwelt geprägt wurde, wird jetzt vom Bewusstsein her umgestaltet.

In diesem Lebensabschnitt kommen relativ wenig Patienten in psychotherapeutische bzw. psychosomatische Behandlung. Die Menschen versuchen zu »funktionieren« und drängen latente Zweifel, depressive Enttäuschungen oder Versagensängste zur Seite bzw. die Alltagsanforderungen lassen wenig Zeit dazu. Oft dominieren konkrete Aufgaben den Alltag (Kleinkinderversorgung, Geld verdienen, konkrete Karriereschritte, Haus bauen, Auto abbezahlen etc.), nach denen »alles besser werden wird«. Bei starken Überforderungen kann es zu körperlich imponierenden Erschöpfungssyndromen oder Angststörungen kommen. Das Verständnis für die psychische Entstehungs- bzw. Hintergrundsituation ist in der Regel gering, die Menschen wollen möglichst rasch wieder »funktionieren«.

6. Jahrsiebt (35. bis 42. Lebensjahr)

Die Karten sind verteilt, das Spiel ist gelaufen … Tue ich das, was ich wirklich will, soll das alles gewesen sein? In diesem

Jahrsiebt liegt der sogenannte »zweite Mondknoten«, an dem Sonne und Mond zum zweiten Mal in derselben Konstellation zur Erde stehen wie bei der Geburt. Bei vielen Menschen tauchen Motive und Ideale aus der Zeit des ersten Mondknotens (kurz vor dem 19. Geburtstag) wieder auf, die damals nicht ernst genommen oder aus äußeren Gründen übergangen wurden. »Eigentlich wollte ich doch etwas Soziales (oder Künstlerisches) machen ...« Manche Menschen greifen aus einer gewissen Lebensunzufriedenheit heraus und im Wissen um die Endlichkeit des Lebens (»die Hälfte ist schon herum«) diese Ideale aus der Ich-Kraft heraus wieder auf und fangen zum Beispiel eine neue Ausbildung an oder suchen eine neue Partnerschaft. Was manchmal als »Torschlusspanik« oder »Midlife-Crisis« etwas verkrampfte Züge annehmen kann, entspringt dem angemessen geahnten Bewusstsein, dass der jetzige Schlag »sitzen muss«, denn die seelischen und körperlichen Kräfte und die Risikobereitschaft nehmen ab, man kann nicht mehr beliebig oft neu anfangen. Noch ist äußerlich nicht viel zu sehen, aber innerlich neigt sich der Lebenssommer, der Herbst deutet sich an. Der Blick für das Wesentliche, langfristig Sinnvolle, »Nachhaltige« jenseits der eigenen Karriere und Selbstverwirklichung wächst. Man kommt in jeder Beziehung an die eigenen Grenzen, an eine gewisse Schwelle, an der man auch klarer sehen kann, was die Welt braucht. Man weiß, was man kann, und muss sich entscheiden, wo man sich für dieses Leben langfristig einbringen will. Die realistisch erreichbaren Ziele müssen in Geistesgegenwart und mit Augenmaß gewählt und in geduldiger Arbeit verwirklicht werden. Man möchte sich – auch äußerlich – gut einrichten. In disziplinierter Selbsterziehung schleift man an dem, was im ersten Jahrsiebt angelegt wurde. Manche versuchen, mit Sport dem Körper die Jugendkräfte zu erhalten, aber die Fixierung an den eigenen Körper sollte überwunden werden zugunsten der eigentlichen Lebensaufgabe, in deren Dienst man im letzten Lebensdrittel seine Kräfte stellen will, um der Welt etwas zurückzugeben.

Die seelischen Lebensgemeinschaften weichen »Wahlverwandtschaften«, in denen man gemeinsam an überpersönlichen Zielen arbeitet, um der guten Sache willen. Es entsteht Freude am Geben, Weitervermitteln, Lehren. Bei vielen tritt auch eine neue Offenheit für geistige oder religiöse Fragen auf, die jenseits des Körperlichen ein inneres Wachstum ermöglichen. Kann diese »innere Neugeburt« nicht vollzogen werden (z.B. weil die Menschen sich in bestimmten Lebens- oder Arbeitsformen »eingeklemmt« fühlen), treten verstärkt ängstlich-depressive Störungen auf, hinter denen die »Sinnfrage« mehr oder weniger leicht entdeckt werden kann. Oft treten länger »verdrängte«, diffuse Gefühle von Einsamkeit, Hilflosigkeit, Trauer oder Schmerz wieder auf, bei denen Bezüge zu frühkindlichen Erfahrungen gefühlt oder zumindest geahnt werden können. Diesem Schmerz nicht auszuweichen, sondern ihn anzunehmen und »durchzugehen«, kann zu einer gewissen seelisch-geistigen Neugeburt führen, die den Menschen den Weg zu mehr bewusster Selbstregulation in Anerkennung der vorhandenen Grenzen ebnet. Daher suchen in diesem Alter wieder mehr Menschen Psychotherapie bzw. ähnliche Kurse auf.

7. Jahrsiebt (42. bis 49. Lebensjahr)

Man ist auf dem Höhepunkt seiner Kenntnisse und Fähigkeiten und kann auf eine gesunde Routine zurückgreifen. Man hat einige Stürme überstanden, weiß, »wie die Dinge laufen«, und sucht Orte, Menschen und Möglichkeiten, die einen dabei unterstützen, »sein« Projekt in die Welt zu bringen. Dies kann auch die Erziehung und die Förderung der Kinder oder der Aufbau eines Hobbys sein. Im jedem Fall geht es nicht mehr, wie noch im mittleren Lebensdrittel, um einen selbst, sondern um die Sache, das Ergebnis, das einen ggf. überdauern wird (die Kinder, die Firma, ein angelegter Garten, ein Artikel oder ein Buch, ein künstlerisches Produkt ...). Man hat Freude daran, etwas von bleibendem Wert zu schaffen. Dies vermittelt trotz abnehmender eigener Kräfte ein Gefühl von Sinn.

In psychotherapeutischen Behandlungen im letzten Lebensdrittel zeigt sich das Sinnthema zunehmend offener, wenn auch oft versteckt hinter Klagen über nachlassende körperliche Leistungsfähigkeit oder über (zwangsläufig zunehmende) vorhandene abnutzungsbedingte Erkrankungen. Bei Frauen setzt die Menopause mit allen Konsequenzen ein. Es wird immer deutlicher, dass unsere seelische Gesundheit zunehmend davon abhängt, ob wir die innere Beweglichkeit und Kraft haben, auf die körperlichen Einschränkungen und das Altern innere, geistig getragene Antworten geben zu können. Der körperfixierte, nicht leidensfähige Mensch muss in seiner Selbstzentriertheit stecken bleiben, wenn es ihm nicht gelingt, mitfühlende Freude an der Entwicklung überpersönlicher »Produkte« zu entwickeln.

8. Jahrsiebt (49. bis 56. Lebensjahr)

In diesem Jahrsiebt besteht das Leitmotiv darin, das Geschaffene zu konsolidieren, von der eigenen Person mehr und mehr zu lösen und andere (mit-)bestimmen zu lassen. Die Kinder verlassen das Haus, gründen eigene Familien, machen viele Dinge anders. Wir müssen ertragen, dass jede Generation das

Recht hat, eigene Fehler zu machen, selbst wenn es die gleichen sind wie die, die wir früher gemacht haben. Die eigene Lebenserfahrung lässt sich nur begrenzt weitervermitteln.

In der Arbeit ist das Rennen gelaufen, zu Hause ist das Nest leer. Wer nicht vorzeitig seelisch-geistig absterben will, muss sich neue Ziele suchen (oder liegen gebliebene wieder beleben) – auch in der Beziehung. Das ist das Alter, in dem viele Paare wieder einen Tanzkurs machen oder auf Reisen gehen. Die Auseinandersetzung mit dem Altern wird konkreter, die Gebrechen nehmen zu. Trotz aller Tricks sieht man den Menschen ihr Alter an, wir sind nicht mehr in der Lebensmitte, es geht (zumindest in den Momenten der Besinnung) erkennbar auf das Ende zu. Menschen, die zu diesem Prozess keine positive Einstellung gewinnen können, rutschen in depressive Krisen. Wer in einer »suboptimalen Partnerschaft« steckt, muss jetzt prüfen, ob er oder sie konsequent daran arbeiten oder sich noch einmal neu orientieren will. Wer bei der Arbeit in die »innere Kündigung« geht, droht unter der leeren Routine zu leiden. Die Aufgabe heißt: die vorhandenen Begrenzungen annehmen und das Bestmögliche daraus machen. Noch gibt es ja viel zu tun …

9. Jahrsiebt (56. bis 63. Lebensjahr)

Hier kommt kurz vor 60 nochmals ein Mondknoten mit der Frage: Was will ich in diesem Leben noch erreichen? Was ist mir noch wichtig? Dies sollte jetzt angepackt werden, bevor die altersbedingte Starre und Ängstlichkeit in der Seele zunimmt, derzufolge wir immer mehr dem Vertrauten zuneigen und Neues zunehmend schwerer angehen können. Die Auseinandersetzung und Begegnungen mit dem Sterben werden konkret, wir werden zunehmend häufiger auf Beerdigungen eingeladen, auch zu denen gleichaltriger Freunde. Wann trifft es uns? Schön, wenn Enkelkinder da sind, denen wir mit der Zeit, Geduld und Gelassenheit begegnen können, die wir für die eigenen Kinder oft nicht hatten. Bei der Arbeit müssen/dürfen wir die Dinge in jüngere Hände geben, Nachfolger einarbeiten. Hier lauert bei Selbstständigen die Gefahr, dass es dem Senior keiner recht machen kann und er sich immer wieder einmischt. Loslassen heißt die Devise. Darauf vertrauen, dass es andere anders, aber vielleicht nicht schlechter machen (auch bei der Erziehung der Kinder). Man kann Rat anbieten, aber wir dürfen uns nicht aufdrängen, wenn wir nicht gefragt werden. Das ist nicht leicht, denn man weiß aufgrund der Lebenserfahrung erst jetzt, wie manches besser und »richtig« gemacht werden könnte. Vieles muss man »unfertig« übergeben, manche werden unsanft »herausgedrängt«. Einiges wird man auch nicht mehr recht verstehen. Die Kräfte lassen nach, die Jüngeren können alles besser und schneller machen. Lassen Sie den anderen die Vorfahrt! Freuen Sie sich über die Situationen, in denen Sie noch gebraucht und gefragt werden, oder wenden Sie sich den Dingen zu, die Sie schon immer einmal machen wollten und früher nie die Zeit dazu hatten.

10. Jahrsiebt (63. bis 70. Lebensjahr)

Mit 63 Jahren ist die idealtypische Lebensfigur (3 x 7 Jahre Aufbauen und Wachsen, 3 x 7 Jahre Ausbilden der Seelenglieder und seinen Platz in der Welt finden, 3 x 7 Jahre der Welt etwas zurückgeben, sich leiblich von der Welt wieder lösen und das Geistige in uns entwickeln) abgeschlossen. Hier enden auch die meisten biografischen Lehrtexte. Die Menschen leben aber heute deutlich länger – was fangen wir mit der verlängerten Lebenszeit an?

Wer aus dem Arbeitsprozess aussteigen musste, braucht neue, ernsthafte Aufgaben (Hobbys, Ehrenämter, Universität des dritten Lebensalters ...). Die Paardynamik ändert sich deutlich, wenn der sonst abwesende Partner plötzlich dauernd zu Hause herumsitzt und »nervt«. Ernsthafte Krankheiten müssen verkraftet und das Leben darauf eingestellt werden. Schwierige Aufgaben – dieses Mal jedoch nicht »alloplastisch« durch die Veränderung der Welt lösbar. Ärzte und Therapeuten werden zunehmend mit dem Auftrag konfrontiert: »Da muss man doch etwas gegen tun können«, aber diese Lösungen werden immer schwieriger – hier drohen Resignation und Verbitterung. Immer öfter hört man: »Früher war alles besser«. Diese vergangheitsbezogene pessimistische Weltsicht droht die Seele zu verdunkeln. Dazu kommen hirnfunktionelle Alterungsprozesse mit körperlich mitbedingten Stimmungs- und Antriebsstörungen, die ggf. eine psychopharmakologische Unterstützung sinnvoll machen. Auch der Schlaf wird natürlicherweise kürzer und ist nicht mehr so erholsam wie früher. Es ist schwer, diese objektiven Verschlechterungen zu bejahen und anzunehmen. Üben Sie die Fähigkeit, ganz im Hier und Jetzt zu sein und die Gegenwart nicht immer mit der Vergangenheit zu vergleichen, sondern das Gegenwärtige zu genießen (sogenannte *Unvoreingenommenheitsübung*). Noch staunen zu können, obwohl man alles schon kennt, heißt: »Werdet wie die Kindlein, denn ihnen gehört das Himmelreich.«

Wir müssen Frieden schließen mit dem, was wir erreicht haben und wie die Dinge nun einmal sind. Kann ich mich noch auf neue Situationen und Menschen einlassen, noch Interesse für kleine und überschaubare Aufgaben entwickeln, mich da einbringen, wo ich noch gefragt bin, ohne gekränkt zu sein? Es ist nicht leicht, Ja zum Sonnenuntergang zu sagen, wenn man nicht weiß, was danach kommt. Mehr denn je ist unser Leben nicht mehr in unserer Hand und die Überraschungen sind zunehmend öfter negativ als positiv. Religiöse Fragen – dieses Mal ganz konkret – gewinnen wieder an Bedeutung. Können wir «wesentliche« Gespräche führen, haben wir uns in der Partnerschaft noch etwas zu sagen oder reduziert sich unser Leben auf Gespräche über Krankheiten und das Warten auf die nächste Mahlzeit? Gibt es noch neue, überraschende Momente, kleine neue Anfänge, können wir noch »einen Apfelbaum pflanzen«, auch wenn wir die Früchte vielleicht nicht mehr ernten werden?

Das Senium (> 70 Jahre)

»Des Menschen Leben währet 70 Jahre, und ist es mehr, dann ist es Gnade!« Ist es wirklich Gnade? Für viele ist es eine Zeit des Verzichts, des zunehmenden Alleinseins. Manchem ist der Partner weggestorben. Wollen/Können wir uns noch einmal auf andere Menschen einstellen? Wir sind nicht mehr attraktiv, werden nicht mehr gebraucht, haben nicht mehr viel zu geben (außer die Erbschaft vielleicht), aber wen unterstützen oder beschenken wir? Schaffen wir es noch zu Lebzeiten, dies ganz bewusst zu regeln, und können uns daran freuen, dass wir anderen eine Freude machen können, oder halten wir alles verkrampft fest? Der Umzug ins Altenheim steht an. Wer hilft, wohin mit den Sachen, was ist uns wirklich noch wichtig und nützlich? Wer kommt noch zu mir, aus welchen Gründen? Wir halten die Ernte unseres Lebens in den Händen. Was trägt, was bleibt? Was hält mich noch im Leben, berührt mich, gibt mir Kraft? Wie komme ich mit den ganzen demütigenden Einschränkungen im Alltag zurecht (schlechter hören, sehen, gehen können), kann ich noch »Ja« zu diesem Leben sagen, das ich doch nicht mehr ändern kann? Kann ich rückblickend meinen Lebenslauf annehmen, auch mit meinen Fehlern und Unterlassungen; möchte ich mich noch mit jemandem aussöhnen bzw. Situationen bereinigen? Nehme ich noch am Lauf der Welt teil, was lasse ich noch an mich heran? Wie bereite ich mich auf den Tod vor, was wird von mir bleiben? Ist das überhaupt noch wesentlich …?

Meditationsanleitung

Es gibt viele Möglichkeiten zu meditieren. Manche nennen bereits ein vertieftes, konzentriertes Denken Meditation. Es gibt Bewegungsmeditationen und meditatives Miterleben von Körperprozessen (z.B. beim Yoga oder beim Tai Chi). Jeder muss selbst herausfinden, was ihm gut tut und weiterhilft. Manchen fällt es leichter, am Körper eine Zentrierung zu erleben, andere bevorzugen eine gedankliche Sammlung, wieder andere arbeiten gerne mit Mantren (das sind kurze, prägnante Sinnsprüche) und für einige sind wiederum imaginative Bilder hilfreich. Vermutlich hängen diese Vorlieben auch damit zusammen, auf welchen Sinneskanälen man bevorzugt wahrnimmt. Es gibt ja bekanntlich optische, akustische und sogenannte haptische (d.h. körperwahrnehmungsbezogene) Typen. Die Letztgenannten werden besonders von Verkäuferinnen sehr geschätzt, weil sie alles anfassen müssen!

Die nachfolgende Meditationsanleitung hat daher mehrere Schritte. Sie beginnt mit einer körperbezogenen Übung, dem sogenannten »Body-Scan«, bei dem Sie in Ihrer Vorstellung innerlich den Körper abtasten. Das verstärkt die Beheimatung bzw. Verankerung im Körper und damit den sogenannten Lebenssinn. Über den Lebenssinn können wir eine fehlende

Verbindung mit dem aufbauenden Ich in unserem Körper zumindest teilweise nachträglich verbessern.

Im zweiten Schritt sammeln Sie die Aufmerksamkeit im Kopfbereich und stabilisieren sich über das Begleiten des Atemstroms. Das entspricht der sogenannten »Vipassana-Meditation« aus dem Buddhismus (siehe dazu auch das Buch *Zur Besinnung kommen* von Jon Kabat-Zinn).

Im dritten Schritt bauen Sie aus dieser Sammlung ein inneres Bild auf, dass Sie dann wieder in das Fühlen hineinwirken lassen. Das kann zum Beispiel zum Erleben eines inneren Lichtes führen, wie es bei den christlichen Mystikern beschrieben wird.

Sie können die Schritte hintereinander ausführen oder gezielt nur eine der drei Stufen wählen. Wenn es Ihnen hilft, können Sie die gewünschte Übung in Ihrem Tempo auf eine Kassette sprechen. Es geht aber auch, wenn Sie den Ablauf lesen und dann ausprobieren. Wichtig ist, dass Sie nichts falsch machen können! Auch Einschlafen ist nicht schlimm. Sie wissen doch: Wer schläft, sündigt nicht – nur hat er eben auch nicht meditiert!

Wenn Sie Sorge haben, nicht rechtzeitig aufzuhören, legen Sie sich einen Wecker unter ein Kissen. Probieren Sie einfach aus, wie weit Sie kommen. Es gibt kein Ziel, das Sie erreichen können oder müssen, nur einen mehr oder weniger gesammelten, geistesgegenwärtigen Zustand, an den Sie mehr oder weniger nahe für kürzere oder längere Zeit herankommen. Es geht nicht um das Ergebnis, sondern um das Bemühen, um die Haltung. Ärgern Sie sich daher nicht, wenn es mal nicht so gut klappt oder Sie durch Geräusche oder eine unbequeme Sitzhaltung gestört werden. Korrigieren Sie die Sitzhaltung so gut es geht und lassen

Sie störende Gedanken oder Gefühle vorbeiziehen, ohne emotional-körperlich »einzusteigen«. Bei solchen Störungen können Sie sehr gut erleben, wie Sie das Einsteigen in die körpernahen Gefühlsprozesse aus Ihrer Meditationsleichte »herunterzieht«. Beim Meditieren weitet sich der Fühlraum ebenso wie beim *Lauschen* mit geschlossenen Augen (probieren Sie das Lauschen doch gleich einmal kurz aus). Bei lauten Geräuschen kann man fühlen, wie es einen innerlich aus einem Weitegefühl heraus zusammenzieht, begleitet von einem Schmerz im Oberbauch. Beim Meditieren dagegen (besonders in der dritten Stufe) lösen wir uns mit dem Erleben vom Körper und »steigen«, während uns von oben etwas Tragendes entgegenkommt. Dann können wir erleben, dass hier ein ganz anderes, reineres, zarteres, aber dennoch kräftiges Ich-Gefühl erlebt werden kann als im Körper bzw. in den Gefühlen. Wir kommen näher an das höhere Ich heran, können etwas von dessen Macht erahnen.

Meditieren Sie nicht zu lange. Täglich 15 bis 20 Minuten reichen völlig aus. Probieren Sie aus, zu welcher Tageszeit es am besten geht. Im Liegen kann man in der Regel nicht gut meditieren, da man nicht so gut nach oben »herauskommt«. Sie können aber vor dem Einschlafen im Sitzen zu meditieren versuchen. Wenn Sie dabei müde werde, gehen Sie ganz schnell ins Bett. Sie werden kaum noch Einschlafprobleme haben! Um die Meditation zu beenden, können Sie innerlich von 10 bis 0 rückwärts zählen, bei 5 die Hände und Füße etwas bewegen, bei 3 die Augen öffnen und sich bei 0 kräftig strecken und durchatmen. Stehen Sie nach der Meditation vorsichtig auf, da manche einen deutlichen Blutdruckabfall in der Meditation haben und danach Schwindel auftreten kann. Wenn Sie aufgestanden sind, warten Sie einen Moment, bevor

Sie loslaufen. Zur Anregung des Blutdrucks können Sie ein-, zweimal kurz die Muskeln Ihrer Arme und Beine anspannen. Hier nun die Übungsanleitung:

Body-Scan

Zu Beginn setzen Sie sich auf einen Stuhl, den Rücken mit dem Po ganz nach hinten, sodass der Oberkörper möglichst aufrecht sitzt. Stellen Sie Ihre Beine mit beiden Füßen auf den Boden hüftbreit auseinander, sodass die Ober- und Unterschenkel etwa einen rechten Winkel bilden. Die Arme können Sie auf die Oberschenkel oder in den Schoß legen, gefaltet oder einfach ineinander gelegt. Wenn es geht, halten Sie die Augen geschlossen. Versuchen Sie den Unterkiefer locker zu lassen, wenn Sie möchten, können Sie den Mund etwas öffnen. Versuchen Sie so zu atmen, dass sich die Bauchdecke beim Einatmen nach vorne wölbt und der Brustkorb so ruhig wie möglich bleibt (sogenannte »Bauchatmung«). Zum Einüben können Sie eine Hand flach auf die Bauchdecke legen und spüren, wie beim Einatmen die Hand leicht nach außen geschoben wird.

Gehen Sie nun mit ihrer Aufmerksamkeit zu Ihrer Stirn und versuchen Sie sich dort zu sammeln. Prüfen Sie zunächst, ob Sie aufrecht und entspannt sitzen und korrigieren Sie Ihre Sitzhaltung, bis Sie in der Balance sind. Bleiben Sie mit der Aufmerksamkeit zunächst im Kopf und fühlen Sie, ob die Stirn entspannt ist. Wo Sie Anspannung bemerken, lassen Sie sie so gut wie möglich los. Anschließend prüfen Sie die Augen, die Wangen und den Kiefer. Lassen Sie ganz bewusst los! Es ist egal, ob Sie durch die Nase oder den Mund atmen, lassen Sie Ihrem Atem seinen freien Lauf. Wenn störende Gedanken auftauchen, die Sie von der Übung ablenken, lassen Sie sie wegziehen, ohne sich zu ärgern, so wie Wolken an einem Sommerhimmel vorbeiziehen oder Blätter einen Fluss abwärts treiben, und kehren Sie zu Ihrer Übung zurück.

Fühlen Sie nun, ob die Nacken- oder Schultermuskeln angespannt sind und lassen Sie sie so locker wie möglich. Hier sitzt oft Anspannung. Gehen Sie nun zu den Armen und Händen und lassen Sie auch hier besonders die Finger locker. Gehen Sie weiter zum Rücken, prüfen Sie Ihren Sitz und korrigieren Sie ihn bei Bedarf. Wenn Sie irgendwo Schmerzen bemerken, nehmen Sie das zur Kenntnis. Nehmen Sie den Schmerz an und umspielen Sie ihn mit Ihrem Atem, so wie Wellen einen Stein am Ufer sanft umspielen, und machen Sie weiter. Lassen Sie den Atem nun in den Bauch ziehen, so tief wie möglich, bis hin zum Beckenboden. Lassen Sie auch dort alle Muskeln locker, so gut es geht. Nun fühlen Sie, wie die Beine auf dem Stuhl aufliegen, die Füße auf der Erde stehen und wie der Stuhl und die Erde Sie tragen, ohne dass Sie etwas dafür tun müssen. Gehen Sie mit Ihrer Aufmerksamkeit hinunter bis in die Füße und lassen Sie auch die Zehen ganz locker. Wenn Sie nun eine gewisse Entspannung erreicht haben, können Sie in dieser Entspannung verweilen bzw. mit Ihrer Aufmerksamkeit im Körper »spazieren gehen«.

Vipassana-Meditation

Sie können nun versuchen, Ihre Aufmerksamkeit wieder vom Körper zu lösen und auf die Stelle im Bereich Ihrer Nase zu richten, wo Sie den Atem ein- und austreten fühlen. Versuchen Sie, alle auftretenden Gedanken und Gefühle weiterziehen zu lassen und sich in dieser Konzentriertheit zu halten. Lassen Sie alles los, woran sich Ihre Aufmerksamkeit hängen könnte. Zur Unterstützung können Sie Ihren Atemstrom mit der Aufmerksamkeit begleiten und dabei innerlich »ein – aus – Pause« denken. Mit zunehmender Übung können Sie das innere Begleiten immer leiser werden lassen, bis Sie es für Momente ausklingen lassen. Sobald die Aufmerksamkeit abschweift, können Sie die gedankliche Begleitung des Atems wieder aufnehmen. Balancieren Sie wie auf einem Geländer und versuchen Sie nicht rechts oder links herunter zu sinken, sondern aufrecht zu bleiben.

Meditation mit inneren Bildern

Lösen Sie sich nun bitte von der Begleitung des Atemstroms und richten Sie Ihre Aufmerksamkeit bzw. Ihren inneren Blick auf einen vorgestellten Punkt 10 bis 30 cm vor Ihrer Stirn. Der Blick ist nun mit einer gewissen Festigkeit auf diesen vorgestellten Punkt gerichtet. Versuchen Sie sich einen Moment in dieser Konzentriertheit zu halten. In dieser Konzentriertheit ohne Gedankeninhalt können Sie für Momente die reine Aufmerksamkeitskraft erleben. Wenn Sie aus der Übung herausgefallen sind, können Sie an diesem Punkt wieder neu einsteigen. Da es schwer ist, sich in dieser Konzentriertheit zu halten, können Sie weitergehen.

Machen Sie dazu den Punkt langsam immer größer: über eine Erbse, eine Kirsche, einen Tischtennisball, eine Tomate, eine Apfelsine, eine Melone, bis er etwa in der Größe eines Fußballs Ihren Kopf umhüllt, wie zum Beispiel ein Taucherhelm. Konzentrieren Sie sich jetzt bitte nicht mehr auf einen Punkt, sondern fühlen Sie den gesamten Innenraum dieser Kugel. Die Denkkraft ist jetzt nicht mehr konzentriert, sondern aufmerksam-fühlend geworden. Man kann diesen Zustand mit den Worten Georg Kühlewinds auch »erkennendes Fühlen« nennen. Es ist eine Verbindung von Denken und Fühlen. Sie können den Gedanken dazu denken: *Die reine Denkkraft fühlt.*

Nun können Sie einen Schritt weitergehen, indem Sie die Kugel hell und lichtdurchlässig machen, wie eine Glaskugel oder eine stabile Seifenblase. Dann lassen Sie bitte von oben langsam einen stetigen Strom von Licht sanft in diese Kugel hineinströmen. Sie können den Gedanken dazu nehmen: *Das Ich lebt im Licht.*

In einem weiteren Schritt können Sie die Kugel langsam immer größer machen, indem Sie vom Mittelpunkt des Kopfes aus die Kugel in alle Richtungen wachsen lassen. Das verlangt eine erhöhte Führungsfähigkeit der Denkkraft, um die Aufmerksamkeit halten zu können. Erweitern Sie die Kugel zunächst, bis sie Ihre Schultern umschließt. Dann können Sie sie weiter wachsen lassen, bis sie etwa zum Zwerchfell reicht. Sie können dem Licht jetzt eine warme Färbung geben, begleitet von einem liebevollen Gefühl, das Sie in der Herzgegend wahrnehmen. Sie können nun den Gedanken dazu nehmen: *Ich bin im Licht.*

In einem weiteren Schritt können Sie dieses warme, liebevolle Gefühl durch das Zwerchfell hindurch in den Körper hinuntersickern lassen, sodass nach und nach der ganze Körper bis zu den Füßen von dem warmen, goldglänzenden, liebevollen Gefühl durchwebt wird. Bleiben Sie aber mit der Aufmerksamkeit in der Kugel! Sie können dann den Gedanken dazu nehmen: *Licht und Wärme sind in mir.*

Verweilen Sie eine Zeit in dieser Empfindung. Bevor Sie die Übung beenden, vergegenwärtigen Sie sich bitte noch einmal, dass Sie alles, was Sie gefühlt haben, aus Ihrer Gedankenkraft heraus aufgebaut haben. Ohne Ihre Denktätigkeit wäre das Gefühl nicht entstanden. Sie dürfen sich freuen, dass durch Ihre Denkkraft ein gutes Gefühl in Ihnen entstehen konnte. Sie können dieses Gefühl jederzeit wieder in sich aufbauen, diese neue Wirklichkeit in sich schaffen. Kehren Sie nun wieder zurück an den Ort, an dem Sie sich gerade befinden.

Von dem »erkennenden Fühlraum« (der Kugel) vom Anfang des Schrittes aus können Sie viele verschiedene Wege wählen: Sie können zum Beispiel einen der im Buch enthaltenen Meditationssprüche besinnen und in sich nachschwingen lassen. Sie können auch die sogenannten »Ich-bin-Worte« aus dem Johannes-Evangelium meditieren (z.B.: »Ich bin das Licht der Welt« oder »Ich bin der Weg, die Wahrheit und das Leben«). Zahlreiche weitere Anregungen finden Sie in den Werken Rudolf Steiners, besonders in den Büchern *Anleitungen für eine esoterische Schulung* und *Wie erlangt man Erkenntnis der höheren Welten*?. Besonders das letzte Buch stellt einen Übungsweg dar, die Wahrnehmungsfähigkeiten durch eine Verlebendigung des Denkens und den Aufbau neuer »geistiger Sinnesorgane« weiter zu entwickeln. Dies überschreitet jedoch den Rahmen dieses Buches und verlangt einen deutlich weitergehenden Weg der Selbstschulung. .

Die hier angegebene Meditation ist unter den üblichen Bedingungen »sicher«. Sollten Sie aber zu dissoziativen Zuständen neigen bzw. an einer Psychose erkrankt sein, sollten Sie lediglich den ersten, eventuell noch den zweiten Schritt ausüben. Der dritte Schritt kann zu Lockerungen im Bewusstsein führen, wenn die Ich-Kraft in der Gedankenführung nicht ausreicht. Beraten Sie sich im Zweifelsfalle mit einem meditationserfahrenen Arzt oder Therapeuten. Wenn Sie sich nicht sicher fühlen bzw. Probleme beim selbstständigen Üben haben, ist es sinnvoll, einen geeigneten Kurs zu besuchen. Dabei können Sie die Erfahrung machen, dass gemeinsam mit anderen zu meditieren oft deutlich leichter fällt, als wenn man es allein versucht. Auch das ist eine interessante Beobachtung, die zeigt, dass sich geistige Kräfte durch gemeinsames Tun verstärken lassen. Dieses Erlebnis kann Ihnen einen persönlichen Bezug zu dem Christuswort: »Wo zwei in meinem Namen zusammen sind, bin ich mitten unter ihnen« vermitteln.

Tagesplan von: Fazit des Tages:

Zeit	geplante Aktivität	Beobachtung	tatsächliche Aktivität	Effekt	Lernerfahrung

Verzeichnis der Übungen und Sinnsprüche

Verzeichnis der Übungen in der Reihenfolge, in der sie im Text erscheinen.

- Wirkungen von Sinnesreizen beobachten: Seite 48, 60
- Denkübung (zur Konzentration oder Stabilisierung): Seite 143
- Rückschauübung: Seite 146
- Aktuelle Lebensbilanz bzw. Ist-Soll-Analyse: Seite 148
- Verhaltensexperimente: Seite 147 ff.
- Positives Tagebuch: Seite 152, 155, 158, 181
- Zukunftsdrehbuch: Seite 153
- Ressourcenanalyse: Seite 153
- Tagesplanung: Seite 153, 156
- Zwölf Schritte zur Selbstorganisation: Seite 128, 160 f., 187
- Willensübung: Seite 169
- Fragen zur Gemeinschaftsbildung: Seite 176 ff., 184
- Rituale: Seite 178 ff., 198
- Unvoreingenommenheitsübung: Seite 204 f.
- Lauschen: Seite 209

Mantren, Sinnsprüche, Sinnbilder

- Es war in alten Zeiten … (Erziehen als Heilprozess): Seite 27
- Denn die wirkliche Wahrheit … (F. Benesch): Seite 67
- Achte auf deine Stimmungen …(Gedanken werden Schicksal): Seite 86
- Sisyphus: Seite 103, 188
- Die Rätsel des Lebens: Seite 103
- Antonius: Seite 104 ff.
- Ich schaue in die Finsternis … (höheres Ich): Seite 110
- Das Schöne bewundern … (das Wahre, Schöne, Gute): Seite 122

- Ich trage mein Leid … (Michael-Gebet): Seite 124
- Was auch kommt … (Ergebenheitsstimmung): Seite 126
- Solange du den Schmerz fühlst … (Samariterkurs): Seite 185
- Licht und Wärme …: Seite 186
- Ich gehe die Straße entlang … (Löcher): Seite 188

Literaturempfehlungen

1. Antonovsky, A. (1997), *Salutogenese – zur Entmystifizierung der Gesundheit.* DGVT Tübingen.
2. Burkhard, G. ([10]2005), *Das Leben in die Hand nehmen.* Stuttgart: Freies Geistesleben.
3. Chopoich, E. J., & Paul, M. (1993), *Aussöhnung mit dem inneren Kind.* Freiburg: Bauer.
4. Dunselmann, R. ([2]2004), *Anstelle des Ich - Rauschdrogen und ihre Wirkung.* Stuttgart: Freies Geistesleben.
5. Egle, U. T. & Hoffmann, S. O. ([3]2005), *Sexueller Missbrauch, Misshandlung, Vernachlässigung.* Stuttgart, New York: Schattauer.
6. Ende, M. (2004), *Jim Knopf und Lukas der Lokomotivführer.* Stuttgart: Thienemann.
7. Ende, M. (2005), *Momo.* Stuttgart: Thienemann.
8. Frankl, V. E. ([8]2002), *Trotzdem ja zum Leben.* München: Kösel.
9. Fromm, E. (2005), *Die Kunst des Liebens.* Berlin: Ullstein.
10. Hüther, G. (2001), *Bedienungsanleitung für ein menschliches* Gehirn. Göttingen: Vandenhoeck & Ruprecht.
11. Kabat-Zinn, J. ([2]2006), *Zur Besinnung kommen.* Freiamt im Schwarzwald: Arbor.

12. Klünker, W.-U. ([2]2003), *Selbsterkenntnis, Selbstentwicklung – Zur psychotherapeutischen Dimension der Anthroposophie.* Stuttgart: Freies Geistesleben, Edition Hardenberg.
13. Kühlewind, G. ([3]2006), *Das Leben der Seele zwischen Überbewusstsein und Unterbewusstsein – Elemente einer spirituellen Psychologie.* Stuttgart: Freies Geistesleben.
14. Kühlewind, G. ([2]2002), *Aufmerksamkeit und Hingabe – die Wissenschaft des Ich.* Stuttgart: Freies Geistesleben.
15. Kühlewind, G. ([4]2006), *Der sanfte Wille.* Stuttgart: Freies Geistesleben.
16. Dalai Lama. (1999), *Die vier edlen Wahrheiten – die Grundlagen des Buddhismus.* Frankfurt: Wolfgang Krüger.
17. Mettler von Meibom, B. (2006), *Wertschätzung – Wege zu Frieden mit der inneren und äußeren Natur.* München: Kösel.
18. Pikler, E. ([3]2001), *Lasst mir Zeit – Die selbstständige Bewegunsentwicklung des Kindes bis zum freien Gehen.* München: Pflaum.
19. Roediger, E. (2005), *Wege aus der Angst. Ein Ratgeber für Betroffene und Angehörige.* Stuttgart: Urachhaus / aethera.
20. Seligman, M, (2005). *Der Glücksfaktor – Warum Optimisten länger leben.* Bergisch Gladbach: Bastei Lübbe.
21. Steiner, R. (1975), *Wie erlangt man Erkenntnisse der höheren Welten?* Dornach/Schweiz: Rudolf Steiner-Nachlassverwaltung.
22. Steiner, R. (1979), *Anweisungen für eine esoterische Schulung.* Dornach/Schweiz: Rudolf Steiner Verlag.
23. Wais, M. ([5]2002), *BiographieArbeit – Lebensberatung.* Stuttgart: Urachhaus.
24. Witzenmann, H. ([5]2002), *Die Tugenden.* Pforzheim: Herbert Witzenmann Stiftung.
25. Young, J. E., & Klosko, J. (2006), *Sein Leben neu erfinden.* Paderborn: Junfermann.